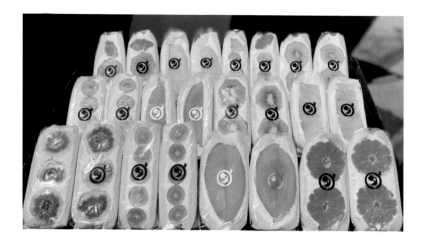

망해가는 가게를 일으키기 위해서는 어떻게든 새로운 상품을 개발해야만 했다. 그렇게 여러 날을 고민해가며 만들어낸 멜론빙수(아래)와 후르츠산도 덕에 우리의 이야기는 새롭게 쓰였다.

칼날 같던 코로나 19 긴급사태 시기를 건너며 한 발 한 발 사람들 속으로 들어갔다. 다카페 도요카와 이온몰점(위, 좌)과 도쿄 에비스점(위, 우), 그리고 아이치현의 다카페 본사 풍경이다.

'혁명革命'.
다이와의 로고뿐 아니라 상품 안내 글, 이벤트 문구 등을 붓글씨로 직접 쓴다.
손글씨에는 자신만의 혼이 담겨 있다던 가라아게 가게 사장님의 가르침은 틀리지 않았다.

나의 가장 큰 무기는 함께 일하는 다이와 직원들이다(왼쪽 페이지).
열정으로 똘똘 뭉친 다이와와 다카페 스태프들이 1년간 사용할 수 있는 상품 30종을 각자의 개성을
담아 소개하고 있다(위). 다이와 슈퍼 식품코너에는 수십 년을 다이와와 함께한 어른들이 계신다.

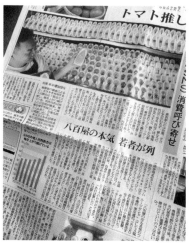

우리의 이야기는 청년 기업인의 성공모델로 TV와 신문, 잡지에 자주 소개된다. 도쿄 나카메구로역 근처 다카페에 늘어선 대기행렬과 직장인 고객의 목소리를 담아낸 신문기사가 흥미롭다.

premium

Chostrawberryco
-12個入り-

과일의 변신은 무죄.
이시카와현 노토 반도에서 직접 따
온 무농약 키위는 주스로, 후르츠산도
로, 털보 키위 탕후루로 거듭났다(위,
좌). 복숭아와 멜론, 딸기, 무화과, 파
인애플은 아이스크림으로, 파르페로,
밸런타인데이와 화이트데이의 초콜
릿 및 꽃다발로 변신했다.

ーツサンドにした

눈코 뜰 새 없이 분주한 날이지만, 맛있는 과일을 찾기
위해서는 어디든 달려간다. 농장에 가서 밭에 있는 과
일을 직접 수확하며 이것으로 무엇을 만들어낼까 구상
하고…. 오오야마와 다이와가 발신하는 SNS에는 이
처럼 재미나고 유쾌한 이야기들로 가득하다.

오늘부터 제가 사장입니다

오늘부터 제가
사장입니다

오오야마 고오키
윤선해 옮김

황소자리

후르츠산도에는

우리 인생의 소중한 것이 모두 담겨있다.

한국 독자 여러분, 처음 인사드립니다.

오오야마 고오키입니다.

저는 열아홉 살에 '책을 출판하겠다'는 목표를 세웠습니다. 그리고 10년이 지난 스물아홉 살에 이 책을 내게 되었습니다.

하지만, 꿈이 이렇게 이루어질 것이라고는 저 자신도 생각하지 못했습니다.

게다가 제 책이 한국의 독자분들에게까지 읽힌다니요. 생각할수록 너무나 설레는 일입니다. 한국의 독자들께서 이 책을 어떻게 읽으셨는지, 그 소감을 꼭 듣고 싶습니다.

이 책에는 돌아가신 저의 할아버지로부터 배운 소중한 삶의 가치들이 실려있습니다. 독자들이 이해하기 쉽도록, 그리고 제가 마주했던 상황들이 여러분에게 선명하게 그려질 수 있도록, 후르츠산도(생과일샌드위치)를 만드는 마음으로 한 문장 한 문장 정성스럽게 써 내려갔습니다.

일본에서 붐을 일으킨 '후르츠산도'는 저희 다이와 슈퍼에서 탄생해, 국내외로 널리 퍼져 나갔습니다. 다만 모양은 쉽게 흉내 낼 수 있어도, 그것을 처음 만들어내던 우리의 열정과 '마음'은 카피할 수 없다고 믿습니다.

책을 읽은 독자분들께 용기와 위로, 그리고 여러모로 도움을 주는 책이기를 두 손 모아 기원합니다.

이 인연에 진심으로 감사드립니다.

2024년 봄날,　오오야마 고오키

차례

3장 우리들의 후르츠산도, 판매 개시!

3,000만 엔 부채를 떠안고
사장 자리에 올랐다

2018년 4월.

최근 방영된 대하드라마 '어찌할 건가 이에야스'로 유명해진 나의 고향 아이치현* 오카자키시**. 벚꽃이 만개할 무렵이었다. 할아버지가 창업한 청과물 가게의 후계자로 입사한 지 3개월이 흐른 어느 봄날 밤, 매장 마감을 위해 가게 안을 정리하고 있을 때였다.

"고오키, 이야기 좀 할까."

나를 부르는 할아버지를 따라 가게 안쪽에 있는 사무실로 들어가 책상에 마주앉았다.

"할아버지, 무슨 하실 말씀이라도?"

* 일본 혼슈 중부에 있는 현.
** 도쿠가와 이에야스의 출생지로 유명한, 인구 38만 명의 중소도시.

"고오키, 슬슬 네가 사장이 되어야 할 것 같구나."

"…네? 사장이라구요?"

갑작스러운 제안에 나는 그저 펄쩍 뛰었다.

"아니 할아버지! 일 시작한 지 고작 3개월밖에 안 된 손자한 테, 그게 할 말이에요?"

"아니야, 너라면 괜찮고말고. 맡아서 잘 할 거라 믿는다. 앞으로 잘 부탁해."

내가 '다이와 슈퍼'를 이어받는 것은 언제고 있을 일이며, 단지 시간의 문제라고 각오하고 있었다. 하지만 상상했던 것보다 훨씬 빨리, 그것도 너무나 갑작스럽게 훅 들어온 제안에 나는 당황할 수밖에 없었다. 게다가 할아버지는 내 의견을 묻는 것이 아니라 '결정'된 사항을 통보하려고 부르신 것이었다.

부끄럽게도 나는 회사다운 회사에서 일해 본 적이 없다. 종 종 TV에서 상사가 부하 직원을 불러 "과장으로 일해 줘."라고 하면, 부하가 동요하는 듯한 표정을 짓는 장면은 본 적이 있다. 다만 그건 나에게는 너무나 먼 세상의 일이었다.

게다가 '과장'이 아니라 '사장'이라니. 아무리 가족경영 회사라고 해도, 그 무게감 정도는 가늠하고 있다. '사장'이라는 단어가 묵직하게 내 가슴을 누르는 느낌이었다. 줄곧 지켜봐 온 할아버지의 성격으로 보건대 농담으로 내뱉은 말씀이 아니라는 것도 확실했다.

"고오키, 어차피 고생할 일이라면 빨리 겪는 편이 좋다. 그러니 한 살이라도 젊을 때 시작하거라."

어릴 적부터 할아버지는 그렇게 말하곤 했다. 그러나 이렇게 빨리 가게를 내게 넘기실 줄이야.

'누군가가 건네주는 음식은 그게 무엇이든 감사히 먹자. 누군가가 제안하는 일은 그게 무엇이든 일단 해보자.'

이것이 어린 내가 품고 있던 삶의 철학 같은 것이었다. 그 문장에 따른다면, 대답은 하나였다.

"…할아버지, 알았어. 내가 해볼게."

그렇게 대답은 했지만, 나는 아무런 준비가 돼있지 않았다. 사장 자리에 오르면 무엇을 먼저 해야 할까? 사장이 되는 공부 같은 걸 해봤을 리 없고, 학생 때는 가히 '예술적'이라고 할 만큼 숫자에 약했다. 어쩌면 이것도 하나의 재능이 아닐까 싶을 정도였다.

나의 고민은 아랑곳없이, 할아버지는 숫자가 가득 적힌 종이를 들고 와서 내 눈앞에 놓으셨다. 항목 이외에는 전부가 숫자였다. 그것을 보는 순간, 갑자기 몸에 힘이 빠졌다.

"할아버지, 이게 다 뭐예요?"

"다이와 결산서류다."

"결산서류가 뭔데?"

"음, 간단히 말하면 회사의 성적표 같은 거지. 고오키도 사장이 되었으니, 지금부터는 경영 수치들도 봐야 한다."

그 성적표에는 흰색과 검정색 삼각형이 그려져 있었다.

"으음, 이 마크는 뭐예요? 3,000이라고 적힌 이거….'

"검정색 삼각형 마크는 적자를 의미하는 거야."

"잉? 적자? 빚? 정말이야??"

"아하하하하! 고오키, 괜찮아. 어떻게든 되니까."

할아버지는 언제나 미소를 지으면서 웃어넘겼다. 아무리 숫자에 약한 나라도, 좋지 않은 상황에 내가 놓였고, 그 책임을 내가 지게 되리라는 사실 정도는 금세 알아차렸다.

3,000만 엔. 1만 엔이 3,000장이라….

그 돈을 상상해 보았다. 고교 시절 그렇게도 갖고 싶던 오토바이가 한 대에 30만 엔이었다. 단순 계산을 하면, 그 오토바이를 100대나 살 수 있는 돈이었다. 그런 어마어마한 금액에 나는 할 말을 잃어버렸다.

지금까지 전혀 모르고 있었지만, 청과물 상회로 시작한 '다이와 슈퍼'에는 누계 3,000만 엔의 적자가 있었다. 즉 내가 사장이 되겠다고 결정하는 그 순간, 3,000만 엔의 부채를 떠안게 된다는 뜻이었다.

성장하는 동안 부모님께 수도 없이 반항했다. 고집부리고 집을 나가서 걱정을 끼치기도 했다. 내가 살면서 저질러 온 인생의 외상값이 한꺼번에 청구되는 느낌이었다. 그런 생각을 하며, 이제껏 내가 한 잘못들을 깊이 반성했다.

신임 사장으로서 나의 첫 도전. 그것은 831엔짜리 '야채 빙수'를 상품으로 내놓은 것이었다. 청과물 상회니까 어차피 야채는 차고 넘친다. 야채 빙수. 누구도 생각조차 못 했을 것이다. 이거라면 순식간에 유명해지겠지. 지극히 단순하게 생각했다.

 "고오키, 어차피 할 거라면 일본 최고를 목표로 해라."

 어릴 때부터 할아버지에게 그 말을 수없이 들으며 자랐다. 일본 최고. 일본이라는 나라의 규모조차 가늠하지 못하는 나이였지만, 그 말에는 언제나 나를 두근거리게 하는 힘이 있었다.

 기왕 사장이 된 거라면 사람들을 놀라게 할 만한 일을 하자. 어차피 한다면 '일본 최고의 빙수를 파는 청과물 가게'가 되자. 원대한 꿈을 품고 야채 빙수를 만들었다. 얼음을 갈아서 소복하게 쌓은 뒤 그 위에 삶은 야채를 올렸다. 그리고 드레싱과 마요네즈를 뿌려서 완성.

 '청과물 가게가 만드는 야채 빙수'를 출시하고 2주일. 야채 빙수는 단 한 개도 팔리지 않았다. 일반적인 딸기소스나 멜론소스를 뿌린 빙수는 하루 평균 다섯 개 정도는 팔리는데 말이다.

 할아버지가 자주 말씀하시던 '일본 최고'라는 장대한 꿈은, 저 멀리, 너무나도 먼 곳에 있었다.

1장

다이와 슈퍼

이대로 문을 닫게 할 수는 없었다.
이곳은 할아버지가 평생을 바쳐
일군 삶의 터전이자 우리의 어린 시절 추억이
오롯하게 담긴 공간이었으니까.

청과물 가게의 스토리는
그렇게 불쑥 시작되었다

4년 만의 전화

"형, 다이와가 망할 것 같아. 와서 도와줬으면 좋겠어."

오랫동안 연락이 뜸했던 동생 소스케에게서 뜬금없는 전화가 걸려왔다. 돌이켜보면, 이 전화가 우리의 우왕좌왕 스토리 출발을 알리는 종소리 같은 거였다.

2017년 12월 24일. 거리는 크리스마스 분위기로 북적거리고 있었다. 행인들은 모두 행복해 보였다. 지구 위에 단 한 사람, 나만 혼자 '세상 불행을 모두 떠안고 있는 것 아닌가?' 하는 기분에 빠져 길을 걷는 중이었다.

힘겨워하면서도 4년 반 동안 다녀 온 직장에서 그날 나는 잘렸다. 그런데 나고 자란 다이와 슈퍼마저 폐업하게 생겼다는 소식이 동생에게 온 것이다. 돈도 없고, 기댈 사람도 없고, 여자친구도 없었다. 어디에도 하소연할 곳 없는 공허함만이, 내 마음을 지배했다.

나는 열아홉 살에 대학을 자퇴했다. 어릴 때 이혼한 부친에게, 엄마에겐 그 사실을 비밀로 해달라고 부탁하며 부친의 일을 돕기 시작했다. 그러나 엄마한테 모든 걸 들켜 버렸고, 이후부터 엄마와 싸움이 끊이지 않았다. 다툼을 견디다 못한 나는 가출을 했다. 그 이후로 엄마와 일절 연락하지 않았다. 말 그대로 절연 상태가 되어 버린 것이다.

그렇게 지나간 시간이 4년.

동생으로부터 걸려 온 전화에 적잖이 당황했다. 그러나 내 유년기의 추억이 켜켜이 쌓인 본가의 다이와 슈퍼가 사라진다는 사실은, 나로서는 모른 척 그냥 흘려보낼 일이 아니었다. 싸우고 뛰쳐나오고, 그 후 얼마간 소원해지기는 했어도 태어나고 자란 장소가 사라진다는 것은 너무나 슬픈 일이다.

부모님의 이혼 후 청과물 가게를 열심히 꾸리는 할아버지 할머니와 함께 생활했고, 나를 누구보다도 귀여워해 주시던 두 분을 정말 좋아했다. 한동안 못 뵌 두 분이 너무 그리워지고, 본가로 돌아가고 싶은 충동이 일었다.

"소스케, 나 말이야. 실은 일하던 곳에서 좀 전에 잘렸다."

나의 침통한 마음은 아랑곳하지 않고, 소스케의 목소리가 환희에 찬 듯 높아졌다.

"어? 형, 정말이야? 진짜지? 잘 됐다!"

"잘 됐다니! 나 지금 처참하단 말이야."

"그렇구나. 그래도 아주 잘 됐어. 그럼 할아버지 할머니를 도와줘. 어떻게든 도움이 되어드리고 싶단 말이야."

"일단 만나서 이야기할까? 너 지금 어디야?"

"형, 실은 나 지금 미국에 유학 중이야. 그래도 얼른 일본에 돌아가려고. 연말에 본가로 갈 테니까, 거기서 만나자."

"알았다. 또 연락할게."

친동생인 소스케가 유학 중이라는 사실조차 몰랐을 정도로, 본가와 나의 인연은 철저히 끊겨있었다.

다이와 슈퍼

나의 할아버지는 쇼와 39년(1964년)에 건물(마른식품)을 리어카에 실어 파는 행상으로 장사를 시작했다. 타고난 쾌활함과 붙임성 덕에 장사는 시작하자마자 성공적이었다.

매일 손님들에게 상품을 갖다 주면, '다음에는 계란이 필요해요' '야채가 있으면 좋겠는데'와 같은 요구를 받게 되면서, 점점 품목을 늘려갔다고 한다.

그렇게 손님들과 즐겁게 소통하면서 할아버지는 마른식품 이외에도 신선식품이나 생활용품을 싣고 행상을 하게 되었다고 할머니에게 들었다. 할아버지의 리어카는 매일 대성황을 이뤘고, 저녁이 되면 상품은 늘 모두 팔린 상태였다.

리어카 행상만으로는 손님들의 요구를 충족시키기 어렵다고 판단한 할아버지는 가게를 마련하고, 좀 더 많은 판매상품을 갖춰 갔다. 그것이 아이치현 오카자키시에 있는 작은 상점, '다이

아이치현 오카자키시에 있는 다이와 슈퍼.

이곳은 정직하고 성실하게 살아오신 할아버지의 한평생이 고스란히 녹아 있는 삶의 터전이자, 나와 동생이 어린 시절을 보낸 마음의 고향이었다. 흘러가는 시간 앞에서는 모든 게 변하고 무력해진다지만, 그래도 할아버지와 우리의 추억이 담긴 이 가게를 이대로 그냥 포기할 수는 없었다.

와 슈퍼'의 시작이었다.

쇼와 45년(1970년) 6월에 설립된 '주식회사 다이와'는 창업자인 할아버지의 이름인 '오오야마 가즈유키大山和之'에서 앞글자하나씩 따서 '大和(다이와)'라는 상호를 붙였다. 이후 이 가게는40여 년 동안 마을 사람들의 사랑을 받으며 한 자리를 지켰다.

그러나 시대는 변한다. 마을도 사람도 변한다.

필요한 것, 사람들이 원하는 것도 당연히 변해 간다. 대형 슈퍼마켓과 할인매장처럼 새로운 시대에 맞는 새로운 비즈니스가등장하면서 쇼와시대에 번성하던 다이와 슈퍼를 찾는 고객의발길도 줄어들기 시작했다.

'어떻게 해서든 이 가게를 지키고 싶다.'

할아버지는 전력을 다해 당신 인생의 결정체인 다이와 슈퍼를 지켜내려 애썼지만, 시대의 흐름을 따라잡기에는 역부족이었다. 그렇게 부채가 쌓이고, 더는 버티기 힘든 한계에 다다른것이다.

어찌할 건가,
고오키

너무 작아 보이던 할아버지의 뒷모습

2017년 섣달그믐. 4년 만에 돌아온 집은 반갑기도 하고, 어딘가 멀게 느껴지기도 했다.

"다녀왔습니다."

용기를 내서 현관문을 열었다. 이제 와 어떤 얼굴을 하고 돌아가야 할지, 집에 도착하기 전까지 계속 불안한 마음이었다. 그러나 변함없이 만면에 미소를 띠며 맞아주시는 할아버지의 미소 앞에서 나의 불안은 한순간에 녹아내렸다.

"어이, 고오키 잘 다녀왔느냐. 어서 오거라."

"할아버지, 잘 계셨어요? 오랜만이죠."

"많이 춥지? 어서 들어와서 몸을 따뜻하게 녹이거라."

4년 전, 나는 할아버지에게 인사도 하지 않고, 아무 대책도 없는 상태로 집을 나가버렸다. 그렇게 제멋대로인 손자를 몰아

붙이거나 가출했던 연유를 따져 묻지도 않고, 할아버지는 매일 돌아오는 손자를 맞이하듯 자연스레 나를 집안으로 이끄셨다.

저녁 8시, TV에서는 연말 프로그램인 홍백가합전*이 한창이었다. 그런 가운데 할아버지, 할머니, 엄마, 동생, 그리고 나, 이렇게 다섯 명 가족회의가 시작되었다. 원래 내가 집을 나가게 된 것은 엄마와 다툼이 원인이었다. 서로 어떻게 대해야 할지 모르는 채, 엄마와 나 사이에는 자연스럽지 않은 공기가 흘렀다.

이야기의 물꼬를 튼 사람은 동생 소스케였다. 오랜만에 만난 나를 피하다시피 하며 인사조차 하지 않는 엄마에게 소스케가 말했다.

"엄마. 형은 오늘 다이와를 위해서, 그리고 우리를 위해서 돌아와 주었어. 오랜만에 만나니까 여러 가지 감정이 들겠지만, 형을 따뜻하게 맞이해주면 좋겠어. 다이와를 위해서 부탁해."

엄마는 말없이 고개를 끄덕였다. 그렇게 시작된 가족회의. 할아버지가 다이와의 지금 상태, 그리고 앞으로의 일들에 대해 천천히 이야기하기 시작했다.

"너희들에게 이런 이야기를 하는 것이 참으로 미안하다만, 최근에 부쩍 가게 경영이 어려워졌구나. 그래서 슬슬 가게를 접으려고 생각 중이야. 이 토지를 임대하든지, 아니면 주차장으로 쓸까도 고민 중이고."

---

* 紅白歌合戰. 1951년부터 일본 NHK 방송이 주최하는 연말 가요제로, 매년 12월 31일에 방송된다.

할아버지의 얼굴에 미소가 사라졌다. 평소답지 않은 할아버지의 표정에서는, 말과는 다른 속내 '실은 가게를 닫고 싶지 않단다'라고 호소하는 듯한 느낌이 전해졌다.

어린 시절부터 내게 할아버지는 히어로였다. 특히 야채가 든 박스를 번쩍 들어올린 채 밝은 얼굴로 손님들을 대하는 할아버지의 든든한 어깨는 내게 동경의 대상 그 자체였다.

그러나 그 밤 할아버지의 어깨는 너무나 작고 야위어 보였다.

처음 본 약한 모습

할아버지의 이야기를 들은 가족들은 한참을 침묵했다. 그 침묵을 깬 것은 이번에도 동생이었다. 나와 다르게 배려심 있고 자신의 감정을 솔직하게 표현하는 소스케가, 이번에는 나를 향해 입을 열었다.

"형, 나는 다이와가 사라지는 것이 너무 슬퍼. 어릴 때부터 우리의 추억이 너무 많은 장소잖아. 전화로도 부탁했지만, 어떻게든 형이 도와줬으면 좋겠어."

나 역시 그랬다. 이 장소가 사라지는 것은 너무 허전하고 슬픈 일이다. 그러나 나는 소스케처럼 솔직하게 그 마음을 입 밖으로 내뱉을 수가 없었다. 아무리 가족이라도, 4년간 연락도 없이 지냈던 미안함이 나에게는 컸던 것 같다. 자신의 마음은 이야기할 수 없더라도, 주변의 의견을 듣는 것은 할 수 있다. 그래서 나도 용기 내어 입을 열었다.

꼬꼬마 시절부터 할아버지는 나의 히어로였다. 체구는 작지만
어려운 일들을 척척 해내시고, 바다만큼 넓은 품으로 외롭던 나
를 따뜻하게 품어주셨다. 그런 할아버지의 축 처진 뒷모습을 보
는 건 너무나도 가슴아픈 일이었다.

"할아버지는 다이와가 사라지는 거, 솔직히 어떻게 생각해?"

할아버지는 한참을 생각에 빠져 있다가 숨을 한번 크게 내쉰 후 천천히 이야기를 시작했다.

"그래….. 내 솔직한 심정을 털어놓자면 가게를 닫고 싶지는 않구나. 다이와 슈퍼는 이 할애비에게 있어서, 삶의 보물 같은 거라서 말이지. 하지만 이제 한계에 다다른 느낌이다. 숫자도 그렇고, 체력도 그렇고."

집을 뛰쳐나간 후 4년이 지났다. 몇 년 만나지 못한 사이, 할아버지는 매우 나이가 들고 힘이 빠진 것처럼 보였다. 할아버지가 이렇듯 약한 소리를 하는 것 자체를, 나는 그때까지 한 번도 본 적이 없었다.

매일 와 주는 고객들을 위해서, 할아버지는 쉬는 날이 없었다. 친척들에게 안 좋은 일이 생겼을 때조차 가게를 쉬는 것은 몇 시간에 불과했다.

"다이와의 문이 닫혀 있으면, 고객들이 곤란해질 테니까."

그렇게 말씀하시며 매일 가게 문을 열었던 할아버지. 다이와는 할아버지에겐 정말로 소중한 보물일 것이다. 누구보다 지금까지 할아버지의 모습을 지켜봐 온 내가 그 사실을 잘 알았다.

'길은 열린다'
할아버지의 가르침

내 삶의 나침반이 되어 준 말씀들

어릴 적부터 할아버지에게 자주 들었던 말이 있다. 그것은, "곤란에 처한 사람이 있으면 도와주거라. 거기에 이유는 필요없다."라는 말이었다.

이 말이 약해진 할아버지를 눈앞에 둔 지금, 내 머릿속에서 맴돌고 있었다. 부모님에게는 수없이 폐를 끼치는 일을 했지만, 웬일인지 할아버지가 시키는 말은 잘 들었다.

그렇게 어린 시절을 돌아보자니, 내게 할아버지는 성장기의 소중한 스승님이었다. 지금, 이렇게 그때의 일을 회상하며 글을 쓰면서 느끼는 것이 있다. 어린 시절이나 지금이나 변함없이 할아버지에게 배운 가르침은 내 삶의 나침반이 되어주었다는 사실이다.

그렇게 나를 가르치신 할아버지가 나이 들어 곤경에 처한 모습으로 내 눈앞에 있었다.

"할아버지, 할아버지가 만들고 키운 이 가게를 내가 이어가고 싶어. 내가 반드시 다이와를 부활시킬 테니까, 믿고 맡겨주지 않으실래요?"

할아버지의 가르침이 내 선택의 중심이 되었다고 보면, 지금은 어느 정도 납득할 수 있는 상황이었다. 하지만 당시에는 스스로도 깜짝 놀랄 정도로, 무책임한 말을 내뱉고 있었다.

시금치와 열무조차 구분하지 못했다

해가 바뀌어 2018년. 예년처럼 분주하게 다이와 슈퍼의 신년 영업이 시작되었다. 아무리 실적이 떨어졌다고 해도, 정월은 정월. 신년 물품구매 고객들로 가게는 시끌벅적했다. 가업을 잇는다고 가족에게 선언한 것은 좋았지만, 나는 무엇부터 해야 하는지 전혀 알지 못했다.

그런 나에게 할아버지는 청과코너를 담당하라고 하셨다. 청과란, 채소와 과일을 말한다. 어릴 때부터 당연하게 옆에 있던 청과물이지만, 솔직히 아무런 흥미를 갖지 않은 분야였다. 시금치와 열무도 구분할 줄 몰랐다. 딸기도 '설향' '매향' '죽향' 등 여러 종류가 있다는 사실도 몰랐다. 할아버지를 따라 도매시장에 갔지만, 그들이 주고받는 용어조차 들리지 않을 정도로 아무것도 모르는 생초짜였다.

다이와를 찾는 고객들은 매일 장 보러 오는 주부가 대다수였다. 나의 상대는 장보기 달인들인 셈이다. 야채와 과일에 대해서도, 나보다 상대가 훨씬 더 잘 알고 있었다. 시금치 단 앞에 '열무'라고 써놓는 바람에 고객에게 지적받은 게 한두 번이 아니었다.

이대로는 안 되겠구나. 그렇게 생각한 나는 바로 《야채도감》을 샀다. 출근 전과 퇴근 후 이 도감을 펼쳐보는 것이 일과가 되었다. 그렇게 나의 다이와 근무가 시작되었다.

갑작스레 맡겨진 사장이라는
중책 앞에서

갈피를 못 잡을 때는 화장실 청소

그렇게 3개월이 지나고 4월.

책의 서두에서 이야기한 대로 할아버지로부터 사장을 맡으라는 지령이 떨어진 것이다. 뭐가 뭔지도 모른 채 사장이 되어서, 3,000만 엔 적자 상태로 가게를 운영한다고? 솔직히 한 시간에 한 번은 자포자기하는 마음에 한숨을 쉬어댔다. 3,000만 엔이라니, 아무리 생각해도 숫자가 너무 컸다.

나는 불안할 때나 막막할 때, 일종의 의식처럼 꼭 하는 행동이 있다. 바로 '화장실 청소'다.

부친의 가게에서 일하던 때 강제적으로 맡게 된 일 중 하나가 화장실 청소였다. 처음에는 죽도록 하기 싫었지만, 언제부턴가 화장실을 깨끗하게 청소하고 나면 기분이 개운해지고 생각이 정돈되는 느낌이 들었다.

그 이후로 마음이 혼탁해지는 듯한 기분이 들 때는 화장실로 가서 청소를 시작했다. 그날도 습관처럼 화장실 청소를 하기로 마음먹었다. 3,000만 엔 적자라는 강적에게 난도질당한 마음을 정돈하기 위해, 지금까지보다 더 꼼꼼하게 청소를 했다. 그러나 무엇을 해도 3,000만 엔이라는 숫자는 내 마음속에 무겁게 들러붙어 있었다.

침울에 빠진 채로 가게에 서 있는 나에게, 어느 날 할아버지가 툭 하고 한마디 내뱉었다.

"고오키, 이것저것 고민하지 마라. 지금 네가 있는 환경이, 너를 성장시켜 줄 거야."

우연이지만, 내가 가장 존경하는 기업인의 책에도 그 말과 같은 의미의 글이 쓰여 있었다. 며칠 전에 그 부분을 막 읽은 후였다. 지금 할아버지로부터 같은 말을 들었다는 것은, 어쩌면 그것이 정답이라는 의미일지 모른다.

그렇다. 아무리 두려워하고 한탄한다고 한들 어쩔 수 없는 일이라면, 앞으로 나아가는 길밖에는 없다. 나는 그 말을 액면 그대로 받아들이기로 했다. 그리고 나는 다음날 아침, 모든 스태프를 모아 조례를 열었다.

돈을 쓰지 말고
지혜를 짜내라

오늘부터 제가 사장입니다

"여러분, 안녕하십니까. 오늘 여러분에게 드릴 중요한 말이 있습니다. 할아버지의 뜻을 이어받아, 오늘부터 제가 다이와 슈퍼의 사장이 되었습니다. 잘 부탁드립니다."

다이와 슈퍼의 직원들은 모두 근속기간이 길어서, 내가 태어나기 전부터 이곳에서 일해온 분들도 계셨다. 그런 그들 앞에서 출근한 지 3개월밖에 되지 않은 내가 불쑥 사장 선언을 해버린 것이다.

"어머나, 고오 짱 응원할게."

"정말 잘 컸네."

"고오 짱, 파이팅!"

모두가 아이를 응원하는 듯한 눈길로 한 마디씩 던지느라 회의 분위기가 어수선해졌다. 이런 상황 속에서 나는 스태프에게 두 가지를 선언했다.

"사장으로 취임하면서 저는 두 가지를 선언하려고 합니다. 우선, 다이와를 100명 대기행렬이 생기는 유명 가게로 키우겠습니다. 두 번째로, 가게 매출을 지금의 두 배로 올리겠습니다. 가게 리모델링도 하고 싶고, 여러분의 월급도 올려드리고 싶으니까, 저에게 힘을 보태 주십시오. 그리고 이 두 가지를 달성한 뒤에 저를 사장으로 제대로 인정해주시기 바랍니다. 앞으로도 잘 부탁드리겠습니다."

짝 짝 짝 짝….

직원들의 반응이 뜨뜻미지근해서 살짝 불안했지만, 나는 결심했다. 선언을 실현할 구체적 방법은 아직 떠오르지 않아도 결심만은 굳건했다.

할 수 있는 것들을 하나씩 해보자

모두에게 선언했으니, 어찌 됐든 실현해내야 한다. 그렇게 마음만 초조한 나날을 보냈다. 어떻게 하면 고객을 좀 더 기쁘게 할 수 있을까. 어떻게 하면 고객이 다이와에 오고 싶어질까. 아침부터 밤까지 그 생각들이 머리에서 떠나지 않았다.

오직 하나, 정해둔 원칙이 있었다. 돈을 들이지 않고 지혜를 짜내서, 지금 내가 할 수 있는 것들을 하나하나 철저하게 실천해 본다는 것.

이것은 할아버지로부터는 장사, 할머니로부터는 일상생활 속에서 줄곧 들어온 말이기도 했다. 전쟁에서 살아남은 사람들이기 때문일까. 우리 할아버지와 할머니는 '절약'이라는 말을 인생 철칙처럼 소중하게 생각하신다. 이를 두고 '옛날 사람'이라고 치부할 수도 있겠지만, 나는 '절약'이야말로 지금 이 시대에 매우 가치 있게 여겨야 하는 미덕이라고 생각한다. 특히 위기 상황에서 사장이 된 나에게는 더욱 절실한 덕목이었다.

그렇게 마음을 정하고 나자 내가 해야 할 일들이 하나씩 떠오르기 시작했다. 나는 종이와 펜을 준비해 돈을 들이지 않고도 내가 할 수 있는 것을 써보기로 했다.

- 고객 이름 외우기
- 웃으며 고객에게 말 걸기
- 고객의 좋은 점을 찾아서, 말로 전달하기
- 가위바위보 대회를 하기
- 즐거운 이벤트를 개최하기
- 다이와 신문을 만들어 포스팅하기
- 가게를 깨끗하게 청소하기
- 상품가격 명찰을 재미있게 만들기

나는 종이에 써놓은 것을 하나씩 실천해나갔다.

내가 할 수 있는 것을 차근차근 하고 있으려니 고객의 수가 확실히 늘기 시작했다. 그러나 조례에서 선언한 내용처럼 100명의 행렬이 만들어지고, 매출이 두 배에 도달하는 지점과는 멀

찌감치 떨어져 있었다.

　가능한 방법은 여전히 어딘가에 숨겨져 있을 것이다. 지혜를 좀 더 짜내야 한다. 그렇지 않으면 모두에게 선언했던 말이 허풍이 되고 만다.

멜론빙수 탄생

아직 끝나지 않았다

내가 다이와 슈퍼에 들어가기 전에 4년간 일했던 직장은 부친이 경영하던 타코야키* 가게였다. 이런저런 축제나 이벤트가 있으면, 텐트를 치고 출점해 타코야키를 굽고 빙수를 만들어 파는 것이 나의 일이었다. 잘 될 때는, 빙수만으로 하루 100만 엔 이상 매출을 기록하기도 했다. 그 경험으로 만들어진 아이디어가 앞서 말한 '야채 빙수'였던 것이다.

　결과는 참패.

　돌이켜보면, 야채를 넣은 빙수 같은 건 나도 먹고 싶지 않다. 그러나 언제까지 침울해 있을 수는 없었다. 패배를 인정하는 대신 '빙수'라는 테마로 뭔가 멋진 것을 개발해보고 싶었다.

　'뭐 좋은 아이디어가 없을까.'

---

* 일본식 풀빵. 둥근 틀에 묽은 밀가루 반죽을 붓고 잘게 썬 문어를 넣어 굽는다.

친구가 가르쳐 준 엄청난 세계

그런 어느 날 아침, 시장에 갔는데 산더미처럼 쌓인 멜론이 눈에 들어왔다. 멜론 더미 앞에 멈추어 선 채 한참을 있었다. 바라볼수록, 멜론 모양이 나에게는 빙수 그릇으로 보였다.

바로 멜론을 구매해 마트로 돌아왔다. 멜론을 그릇으로 삼아 그 안에 얼음을 갈아 넣는다. 그리고 멜론 시럽을 뿌려서 판매했다. 그렇게 최초의 멜론빙수가 탄생했다. 멜론을 그릇으로 사용한 빙수를 보고 놀라는 손님들은 있었지만, '일본 최고의 빙수'라고 하기에는 아직 무언가가 부족했다.

그 무렵 오랜만에 친구를 만나 서로의 근황에 대해 이야기를 나누고 있었다.

"고오키, 본가 일을 이어받기로 했다며, 잘 되는 거야?"

"그럭저럭. 지금은 일본 최고의 빙수를 파는 마트가 되고 싶어서, 매일 빙수 생각만 한다니까. 모두가 깜짝 놀랄 만한 대단한 빙수를 만들려면 어떻게 해야 할까?"

그 친구는 밤에 운영하는 고급 라운지에서 일하고 있었다.

"내가 일하는 가게에는 과일 모둠을 5,000엔에 판매하고 있거든. 멜론을 둥글게 깎아서 담아내는 것만으로 그 가격을 받을 수 있다는 말이야. 단순히 생각하면 엄청나게 비싼 거지. 하지만 주문하는 손님이 놀랄 정도로 많아. 우리가 모르는 대단한 세계는 따로 있는 것 같아."

오, 예쁘다. 탐스럽게 예쁘다.

뭔가 좋은 일이 벌어질 것 같은 예감이 들었다.

가슴이 쿵쾅쿵쾅 뛰기 시작했다.

멜론을 둥글게 파내서 담아내는 것만으로 5,000엔이라고?

내가 만들어 파는 빙수는 한 개에 고작 500엔이다. 무려 열 배라니. 내가 있는 세계와는 엄청나게 다르구나, 하는 괴리감을 느끼면서도 마트에 돌아가자마자 가게에 있는 멜론을 둥글게 파내보기로 했다. 멜론 그릇에 얼음가루를 담고, 그릇 테두리에 둥글게 파낸 멜론들을 올렸다. 그랬더니, 너무나 귀여운 빙수 모양이 되었다. 당장 여성 스태프들을 불러 보여주었다.

"귀여워!!! 사진 찍고 싶어."

"먹기에는 너무 아까운걸."

그들은 박수치며 탄성을 질렀고 이 광경을 보는 내 심장은 쿵 쾅쿵쾅 뛰기 시작했다. 이것을 고객에게 제공하면 어떤 반응이 돌아올까? 그렇게 상상하는 것만으로 기분이 좋았다. 게다가 멜론은 주황 계통과 녹색 계통 두 종류가 있으니 고객들이 골라 먹는 재미도 누릴 수 있다.

'좋았어. 이거라면 될 것 같은 느낌이 드는군.'

전 직장에서 잘리기는 했지만, 빙수를 만드는 계기를 선물해 준 전 사장이자 부친에게 마음속으로 감사를 전했다. 동시에 힘들었던 경험은 당장 그 순간에는 고통스럽겠지만, 언젠가 반드시 자신의 운을 열어주는 열쇠로 작용한다는 사실을 실감했다.

쓸데없는 것은 어디에도 없다. 있다면 그것을 쓸데없다고 생각하는 나 자신이 있을 뿐이다. 나는 지금 그렇게 생각한다.

대박은 손님이 몰고 온다 1

마트에 나타난 신기한 그녀

멜론을 그릇으로 한 빙수 판매는 내 예상을 훌쩍 넘어 대박이 났다. 사진에 담아 SNS에 올려주는 고객들이 속출한 덕이다. 그 무렵 친구가 소개해 준, 디저트를 좋아하는 여성을 만났다. 친구가 그 여성에게 멜론빙수 이야기를 꺼냈더니, 흥미를 보이며 마트까지 직접 찾아온 것이다. 그 여성은 보면 볼수록 수줍음이 많은 사람 같았다.

"어서 오세요. 도모야 군 소개로 오신 분이지요. 이렇게 와주셔서 감사합니다."

"저…, 멜론빙수. 주황색과 녹색으로, 하나씩 주문하고 싶습니다."

"빙수 두 개 주문 감사합니다. 고객님, 천천히 드셔도 좋으니까, 하나씩 내드려도 괜찮겠지요? 어느 것 먼저 내드릴까요?"

"아니요, 두 개…, 동시에 갖다 주세요."

"네? 두 개 동시에 말입니까? 두 개 동시에 드리면 빙수가 녹을 텐데⋯."

"괜찮습니다. 동시에 부탁드립니다."

그녀는 조용하지만 단호했다. 신기한 사람이라고 생각하면서도, 나는 요구대로 두 개를 동시에 서빙했다.

그랬더니, 그녀는 마치 기다렸다는 듯이 마구마구 사진을 찍기 시작했다. 두 개의 빙수를 나란히 놓고, 핸드폰으로 찰칵찰칵, 찰칵찰칵!

오우, 가게 앞에 긴 줄이 생겼다

그녀가 SNS에 빙수를 업로드한 다음날, 믿을 수 없는 광경이 내 눈앞에 펼쳐졌다. 오픈 전 준비를 위해 가게 앞으로 나갔는데, 이미 100명을 훨씬 웃도는 긴 행렬이 만들어져 있었다. '상전벽해'라는 말은 이럴 때 쓰는 것일까?

처음에는 이게 무슨 상황인지, 전혀 감을 잡지 못했다. 앞쪽에 줄을 서 있는 고객에게 왜 이러고 계신 거냐고 물어보니, "멜론빙수를 SNS에서 보고 왔어요."라고 대답했다. 뒤에 있던 사람들도 마찬가지라는 듯 고개를 끄덕이는 모습을 본 순간, 그녀의 얼굴이 떠올랐다.

오픈 전부터 멜론빙수를 기다려 준 고객이 이렇게 많다니. 서둘러 멜론을 추가로 사기 위해 시장으로 달려가면서, 스태프에게는 각자의 오픈 준비를 멈추고 멜론을 둥글게 파내는 작업을 먼저 해달라고 요청했다. 이렇게 온종일 스태프가 총출동해 멜론빙수를 판매하는 일에 매달렸다.

그녀의 SNS 업로드로 붐을 일으킨 그 날을 기점으로, 빙수를 먹고 싶다며 찾아오는 손님들로 매일 긴 행렬이 이어졌다. 외지에서 일부러 찾아오는 손님들까지 생기면서 점점 더 긴 행렬이 이어지고, 그럴수록 SNS를 통한 입소문은 더욱 넓고 빠르게 퍼져나갔다.

말은 현실이 된다. 그래서 무엇이든 일단 말로 내뱉는 게 중요하다. 사장으로 취임하고 3개월이 지났다. 선언한 대로 다이와 슈퍼는 100명의 행렬을 만드는 가게가 되었다. 손님들이 더 기뻐했으면 좋겠다고 생각한 나는 멜론뿐만 아니라, 작은 수박과 복숭아, 파인애플 등 신선 과일을 이용한 빙수 종류를 서서히 늘려나갔다. 이렇게 생과일을 그대로 사용한 빙수는 다이와 슈퍼의 히트작이자 간판 상품이 되었다.

코가 꺾인 피노키오

세상은 그렇게 만만하지 않다?

오래전부터 들었던 이야기이지만, 좋은 일만 계속되지는 않는다. 긴 행렬이 계속 이어지면서 빙수 만들기로 분주한 하루를 보내던 어느 날, 마트에 나가니 항상 장을 보러 오시던 손님이 말을 걸어왔다.

"젊은 사장! 최근에 빙수 열기가 대단해."

"감사합니다. 덕분입니다."

나는 뿌듯했다. 아마도 코가 5센티미터는 길어졌을 거라고 생각한다.

"그런데, 그 행렬 때문에 최근에 주차장에 차를 세우기가 너무 어려워. 사람이 너무 많아서 장 보러 오기도 힘들고 말이지, 편하게 오기가 어려워졌어."

"아, 그랬습니까? 불편을 끼쳐서 정말 죄송합니다."

나는 깊이 머리를 숙였다. 생각지도 못한 말이었다. 그리고 과일 빙수를 시작했을 당시 "우리 사장님, 대단해! 정말로 긴 행렬이 생기는 가게가 되어서 얼마나 고마운지 몰라."라고 말해주던 스태프에게서도 비슷한 시기에 생각지 못하던 말을 들었다.

"고오 쨩. 빙수 판매, 슬슬 중단하는 게 좋지 않을까? 다들 말은 못 하지만, 매일 너무 힘들어 해. 모두가 지쳐있다고."

성장기 아이처럼 앞으로 쑥쑥 자라야 할 나의 코는 아래가 아니라 위, 즉 반대 방향으로 뚝 하고 꺾여 버렸다.

애송이 사장에게 찾아온 첫 시련

단골손님에게 들은 말, 그리고 오랫동안 일해 온 스태프의 말. 나는 한순간 벼랑 끝으로 내몰린 듯한 기분이 되었다. 함께 일하고 있는 스태프의 급여를 조금씩 올리기 위해서, 다이와를 장사가 잘 되는 곳으로 만들고 싶어서, 손님들이 기뻐하는 얼굴을 보고 싶어서, 단지 그것만 생각하며 매일 아침부터 밤까지 일하고 있다. 겨우 이제야, 꿈속에서까지 상상하고 소망했던 다이와 슈퍼 앞의 긴 행렬을 만들어가고 있는데….

그런데 내가 하는 일이 단골에게, 스태프에게 민폐를 끼치는 일이란 말인가?

행렬이 만들어져서 기뻤던 것은 나 혼자만의 일이었나? 생각하면 생각할수록 설명할 수 없는 감정이 몰려와서 숨이 막히는 듯했다.

한밤중 깜깜한 사무실에 혼자 앉아, 처음으로 큰 소리를 내며 엉엉 울었다. 꺾여버린 코의 통증도 있었다. 그러나 훨씬 괴로웠던 것은 그 말들이었다. 설레던 미래가 사라져갈 것 같은 기분이었다. 이제 앞으로 어떻게 해야 할지 모르겠다는 두려움과 서러움이 함께 몰려와 눈물은 멈추지 않고 계속 흘러내렸다.

"고오키, 네가 원하는 대로 직진하면 돼."

내 마음속 고민과는 관계없이, 행렬은 끊임없이 이어졌다. 꺾여버린 코. 아니 마음은 나 혼자서는 도저히 어찌할 수가 없어서, 할아버지에게 달려갔다.

"할아버지, 잠시 이야기 좀 들어주실래요?"

"고오키, 심각한 얼굴을 하고 있네. 무슨 일이 있는 거냐?"

"할아버지, 멜론빙수를 불편해하는 사람들이 있는 모양이야. 원래 마트에 장 보러 오던 단골도 길게 이어지는 행렬 때문에 불편한지 조금씩 줄어들고 있어. 저 어떻게 하면 좋을까요? 빙수는 하지 말아야 할까?"

잠시 침묵하던 할아버지가 웃기 시작했다.

"하하하, 고오키. 그런 쓸데없는 걱정은 하지 마라. 사장이 된 지 고작 3개월이잖아. 이건 너의 각오를 시험하는 상황일 뿐이다."

"그래도…."

"고오키, 너는 지금 대단한 일을 하고 있어. 할아버지가 마트를 하면서 45년간 팔아온 멜론 개수를 너는 몇 주일 만에 간단히 제쳐버렸다. 내가 살아있는 동안 다이와에 매일 저렇게 긴 행렬이 생기는 것을 볼 수 있다니, 솔직히 상상도 못 했던 일이구나. 이게 다, 고오키 네 덕분이다."

"그래도, 할아버지. 단골들로부터 장 보러 오기 힘들다는 소리를 들었어요."

"아하하하하!"

할아버지는 더 큰 소리로 웃었다.

보통 이런 웃음소리를 들으면 '내 기분도 몰라주고' 하며 기분이 나빠지는 유형이지만, 이때만큼은 할아버지의 웃음소리가 바짝 마른 사막에서 물이 흘러나오는 듯 신기한 안도감을 느끼게 해주었다.

"고오키, 너는 아무것도 걱정할 필요가 없단다. 할아버지가 쌓아온 단골들과의 신용과 신뢰는, 이 정도로는 절대로 무너지지 않아. 내 그것만큼은 자신하마."

"음…."

"고오키, 너는 정말이지 대단해. 앞으로 더욱더 많이 이 할애비를 놀라게 해주면 좋겠구나. 그러니까 너는 눈치 보지 말고, 네가 생각한 대로 마음껏 해보아라."

그렇게 할아버지는 언제나처럼 환한 미소로 나에게 용기를 불어넣어 주었다. 나는 할아버지의 말을 믿기로 했다. 마음껏 해보자. 비록 혼자가 되더라도 계속 해보자.

내 곁에는 이렇게 웃으며 응원해주는 할아버지와 매일 행렬을 만들며 기다려주는 빙수 손님들이 있지 않은가. 나는 불안해하는 대신 그곳으로 눈을 돌리자고 결심했다.

아이치, 도쿄 그리고 각지에서 벌이는 이벤트. 후르츠산도 점포가 늘어난 지금도, 이 빙수는 다이와의 여름 명물로서, 많은 이들의 얼굴에 미소를 만들어내고 있다.

만약 그때 할아버지가 큰 웃음을 날려주지 않았다면, 나는 지금 어디에서 무엇을 하고 있을까.

2장 청과물 가게가 만드는
진심의 후르츠산도

기왕 하는 건 일본 최고의 후르츠산도를 만들고 싶었다.
그러기 위해서는 빵과 크림, 과일,
모든 게 최고여야만 했다.
여기에 포기할 수 없는 다른 한 가지,
바로 외양이었다.

편의점에 진열된 기회를
집어 올리던 날

'이세의 아카후쿠 모치'처럼

오봉야스미(일본의 추석 연휴로 양력 8월 15일이 낀 한 주)가 가까워지면서, 새로운 불안이 생겼다. 다름이 아니라 빙수가 계절 한정 상품이라는 사실 때문이었다. 과일 빙수는 변함없이 인기 있었지만, 여름이 끝나는 동시에 이 행렬도 사라질 것이다. 아무리 애써도 겨울에 앞다퉈 빙수를 먹으러 오는 사람은 없을 테고, 추운 날씨에 빙수를 밖에서 줄 서서 기다렸다가 먹게 할 수도 없었다. 곧 닥쳐올 현실을 생각하면 어떤 방법이든 찾아야만 했다. 빙수를 대체할 새로운 상품을 궁리하기 시작했다.

그런 어느 날이었다. 업무를 마치고 돌아와 집 거실에서 멍때리고 있는데, 할머니가 이세의 아카후쿠 모치(미에현 이세시에서 만드는 전통과자)를 흐뭇한 표정으로 드시고 계셨다. 그걸 보던 내 머리에 흐릿하게나마 뭔가가 떠올랐다.

아카후쿠처럼 일년 내내 사람들에게 사랑받는 상품을 만들고 싶다. 사계절, 먹는 사람들이 행복해지고, 회사에는 간판이 될 만한 먹을거리가 뭐 없을까.

그게 어떤 모습일지는 아직 감도 못 잡겠지만, 그 생각만큼은 확고하게 마음속에 자리를 잡았다.

'다이와를 기반으로 해서 만들어 낼 수 있는, 일년 내내 먹을 수 있는 상품이 뭘까?'

이것이 나의 다음 테마였다.

편의점에서 신문을 복사하다가…,

사장이 되고 나서 떠올린, 가능하면 돈을 들이지 않고 할 수 있는 일 중 하나가 '다이와 신문'을 만드는 것이었다. 나는 곧바로 온·오프라인 신문을 제작했다.

내용은 판매하는 상품에 대한 설명이 아니라, 주로 스태프들의 이야기와 다이와에서 개최하는 이벤트 소개, 그리고 무엇보다 우리가 소중하게 생각하는 부분을 중심으로 구성했다. 뭔가 '이거 즐겁겠는데?' 할 만한 이야기를 써보는 것이다.

그 신문을 매달 만들어서 스태프들과 함께 매일 밤 온라인으로 포스팅하고, 동네를 걸어 다니면서 손글씨로 쓴 종이신문을 배포했다. 신문을 이메일로 보내면 간단하지만, 다이와의 손님들은 아날로그파가 많았다. 그러니 종이로 직접 전달하는 편이 여러모로 좋을 듯했다.

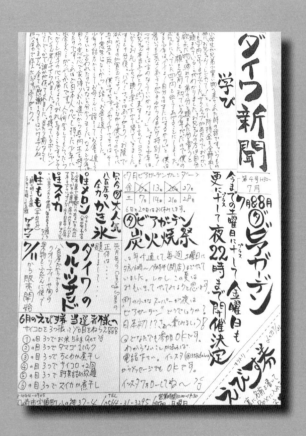

재미난 동네 이야기와 다이와의 크고 작은 이벤트, 경품퀴즈 문제를 내 손으로
직접 써서 신문을 만들었다.

당시 내 월급은 20만 엔. 그 무렵 회사에는 복사기를 살 돈이 없었다. 그래서 나는 월급날이 되면 그중 3만 엔을 쥐고, 근처 편의점에서 '다이와 신문'을 복사했다. 그것이 나의 월례 행사가 되어버렸다. 3만 엔어치 복사는 종이로 3,000장. 시간으로 계산하면 2시간이 가볍게 소요되었다.

그날도 언제나처럼 '다이와 신문' 원본을 들고 편의점에 가서 3,000장 복사를 하며 시간을 쓰고 있었다. 복사가 끝날 때까지 나는 도서판매대에 서서 잡지 등을 읽어보거나 매장 상품을 둘러보면서 시간을 보냈다. 그러다 점심을 먹지 않은 것이 생각나 뭐라도 먹기로 했다.

뭘로 할까, 상품을 고르다 무심코 들어 올린 것. 그것이 나의 미래 운명을 바꾸게 될 '후르츠산도'※와의 첫 만남이었다.

※ 한국어 표준말로 옮기면 '과일 샌드위치' 혹은 '푸르츠 샌드'가 적당하지만 저자가 개발해 일본에서 열풍을 일으킨 통과일 샌드는 이미 우리나라로 소개돼 주변 카페나 제과점에서 '후르츠산도'라는 고유명사로 팔리고 있다. 나아가 이 책 저자 역시 생과일을 통째로 넣어 만든 '후르츠산도' 개발자로서 국내외에 널리 소개되는 상황이므로, 고심 끝에 일본어 발음 그대로 표기하기로 했다.

신의 혀를 가진 남자

이렇게 맛없는 후르츠산도라니

후르츠산도를 사서, 복사가 끝날 때까지 휴식을 취할 겸 밖에서 먹으려고 나갔다. 포장을 벗겨 입에 넣는 순간, 지금껏 한 번도 느껴보지 못한 엄청난 충격파가 내 몸과 마음으로 퍼져나갔다. 미안하게도 너무 맛있어서가 아니었다. 정반대였다.

빈말이라도 빵이 맛있다고는 할 수가 없었다. 들어있는 과일은 뻔한 통조림 과일. 생크림도 너무 달고 질퍽거리는, 정말이지 내가 싫어하는 모든 유형의 조합이었다. 그 순간, 머릿속에 여러 가지 상상이 팍팍팍, 폭발하듯 떠올랐다.

빵에는 소금을 첨가해 과일의 신선함이 돋보이도록 한다.

안에 들어가는 과일은 캔 절임이 아니라 신선한 생과일을 사용한다.

생크림은 너무 달지 않게, 나 같은 사람들도 맛있게 느낄 수 있도록 개발한다.

운이 좋게도, 나는 청과물 가게를 하고 있으니 매일 신선하고 맛있는 과일을 공급할 수 있다. 게다가 샌드위치는 계절 한정 상품이 아니므로, 일년 내내 먹을 수 있는 상품으로 개발할 수 있지 않을까.

그런저런 것들을 상상하고 있으려니 설렘으로 가슴이 두근거렸다. 당장이라도 후르츠산도를 만들어 보고 싶어서 몸이 근질근질했다. 복사가 끝나기를 초조하게 기다리다가 3,000장이 다 나오기 무섭게 '다이와 신문'을 품고 사무실로 날아갔다.

신의 혀를 가진 녀석

어느 음식점의 선배와 이런 이야기를 한 적이 있다.

"고오키, 너희 회사에는 '신의 혀'를 가진 인간이 있냐?"

"신의 혀라고요? 선배, 그거 은유적인 표현인가요?"

"아니. 비유가 아니라 말 그대로야. 이 세상에는 여러 가지 재능을 가진 사람들이 있잖아?"

"그야 그렇죠."

"음식에도 천재가 있거든. 예를 들면, 어느 가게에 가서 요리를 먹고 난 뒤 그 가게가 대박이 날 거라고 곧장 예측하거나, 한 번 먹은 음식을 그대로 만들 수 있다거나 하는 종류의 인간들 말이야. 아니면 사장이 '이런 상품 만들어 줘.' 하고 말하기만 하면 원하는 것을 뚝딱 만들어내는 그런 류의 사람."

"바로 생각나는 사람은 없는데…."

"그 가게가 발전할 수 있는지 아닌지는, 상품개발을 하는 사람 중에 '신의 혀'를 가진 인간이 있는가 아닌가로 결정되거든."

그 순간 한 명의 얼굴을 떠올렸다. 녀석이라면 가능할지 모른다. 그 인물은 바로 유스케. 유스케는 타코야키 가게에서 일할 때 만난 두 살 아래 친구로, 조리사 면허도 가지고 있었다. 내가 다이와 슈퍼에 들어간 후 처음 연락한 친구이기도 했다.

"유스케, 오랜만이야. 잘 지내지."

"고오키 형, 오랜만입니다."

"너 조리사 면허 있었지? 회 뜰 줄은 알아?"

"그럼요, 당연하죠. 생선은 제가 좀 다루죠."

"나 말이야. 실은 본가가 마트를 하고 있었는데. 내가 대를 잇기로 했어. 근데 생선 코너에 사람이 부족하거든. 유스케가 함께 해주면 좋을 것 같은데."

"정말이에요? 고오키 형과 함께 일할 수 있다면 저는 너무 좋아요. 잘 부탁드립니다."

유스케는 내 제안을 그 자리에서 승낙해 주었다. 언제나 겸손하고 성실한 유스케는 내가 매우 신뢰하는 친구이자 지금은 다이와의 동료 중 한 명이다. 후르츠산도를 구상했던 그 시점에 유스케는 다이와 슈퍼의 생선코너 담당으로 생선을 손질하고 있었다.

생크림을
먼저 만들어 볼까?

후르츠산도 만들기에 도전하다

신문 복사를 끝낸 후 서둘러 마트로 돌아온 나는 편의점에서 받은 충격을 유스케에게 먼저 이야기했다.

"유스케! 유스케! 내 말 좀 들어봐! 나 지금 머릿속에서 엄청난 생각이 떠올랐어!!"

"무슨 일인데 그렇게 흥분하신 거예요?"

"일단 들어봐! 아주 맛있는 빵에, 아주 맛있는 생크림. 그리고 우리가 취급하는 신선한 과일을 사용하면, 엄청나게 맛있는 후르츠산도를 만들 수 있지 않을까 생각했거든."

"오~, 사장님. 그거 좋은 생각인데요?"

"그래서 말인데, 유스케. 우선 맛있는 생크림 좀 만들어 줘."

"뭔가 갑작스럽지만, 알겠습니다. 일단 만들어 볼게요."

나는 유스케에게 생크림을 맡기기로 했다.

"근데 나는 말이야, 생크림을 썩 좋아하지는 않거든. 시중에서 파는 생크림은 너무 달고 느끼하달까. 이런 나도 맛있게 먹을 수 있는 생크림을 만들어 주면 좋겠어, 하하."

"아, 네. 뭔 말인지 잘은 모르겠지만, 그래도 한번 잘 만들어 보겠습니다."

"오케이! 후르츠산도로 일본 최고가 되어보자! 유스케, 일본 넘버 원으로 맛있는 생크림을 만들어 줘!"

"우와! 일본 넘버 원이라니 대단한걸요. 사장님, 일본 최고가 되어보시죠!"

나의 제안에 유스케는 흔쾌히 해보겠다고 대답했다. 이때부터 나와 유스케의 '먹어 본 사람은 누구나 행복해지는 맛있는 생크림 만들기'가 시작되었다.

생선 담당이 밤마다 생크림을 만들었다

유스케는 매일 밤, 마트에서 일을 마치고 나면 생크림을 만드는 작업에 몰두했다. 그리고 나는 시제품 생크림이 만들어질 때마다 생과일에 발라서 먹어보고, 개선해서 다시 먹어보는 작업을 매일 밤 계속했다.

생크림을 좋아하는 사람에게는 적당한 수준으로 만든 것들도 맛있을지 모르겠다. 하지만 나의 요구대로 '생크림을 좋아하지 않는 사람도 맛있게 먹을 수 있는 생크림'을 만드는 일은 결코 만만치 않았다.

매일 밤 새로 만들어낸 생크림을 먹고 나면, 나는 그 단맛 때문에 기분이 안 좋아졌다. 유스케를 배려해 에둘러 시식 평을 하면서도 나는 끊임없이 수정을 요청할 수밖에 없었다. 그럴 때마다 유스케는 지치지도 않고 개선에 개선을 거듭했다.

그렇게 시행착오를 거듭하던 어느 밤, 나도 맛있게 먹을 수 있는 맛있는 생크림이 마침내 만들어졌다. 유스케와 나의 고집으로 완성된 생크림이었다.

다음은 맛있는 빵을
찾을 차례

폭신폭신하고 촉촉한 후르츠산도 전용 빵이 필요해

후르츠산도에 필수인 재료, 생크림 다음으로 도전한 것이 빵 선택하기였다. 여기서 생각지도 못한 사람의 활약이 시작되었다. 바로 나의 엄마였다. 엄마는 오래전부터 둘째가라면 서러운 '빵순이'였다.

아침, 점심, 여차하면 간식까지 언제나 빵을 드셨다. 일본 최고의 후르츠산도를 만들려면, 그에 걸맞은 전용 빵이 반드시 필요했다. 그 빵 선택은 빵순이인 엄마에게 맡기기로 했다.

"엄마, 빵 좋아하시죠?"

"당연하지, 물어 뭐해."

"최고의 후르츠산도를 만들고 싶어. 그러니까 여러 종류의 빵을 사서, 이에 걸맞은 빵을 골라 줬으면 좋겠어."

"정말? 그거 재미있겠네."

엄마는 모처럼 기분이 좋아 보였다.

"나는 빵의 맛을 잘 모르겠거든."

"빵 선택은 나에게 맡겨둬."

여기서 '일본 최고의 후르츠산도'라고 말하고 싶었지만, 일부러 '최고'라고만 말한 것에는 이유가 있었다.

나의 엄마는 늘 걱정이 많아서 긴장을 잘 하는 편이었다. 갑자기 '일본 최고가 되기 위해서'라고 말하면 '그런 건 나는 못해'라며 발을 뺄 게 불 보듯 뻔했기 때문이다. 그래서 '최고'라는 단어로 뭉뚱그렸다. 오랜 관계라서 가능한 일종의 고려랄까, 배려 같은 것이었다.

혼마 제빵

엄마는 내 예상보다 훨씬 든든했다. 당장 다음날부터 엄마는 시중에서 팔리는 모든 제조사의 빵을 사 왔다. 일본 최고의 후르츠산도를 만들기 위해 준비된 빵 후보군은 총 20종류. 엄마는 유스케가 막 만들어 낸 생크림을 옆에 준비해 두고, 20종류의 빵에 생크림을 하나하나 발라가며 시식을 반복했다. 그렇게 해서 최종 후보로 남은 빵은 두 종류.

하나는 일본인이라면 누구라도 좋아하는 모 대기업 제조사가 만든 빵. 그리고 다른 하나는 나의 숙모에게 소개받은 아이치현에 있는 '혼마 제빵'.

숙모에게 소개받은 덕인지 혼마 제빵 영업담당인 마에다 씨는 처음부터 너무나 정성스럽게, 그리고 내 일처럼 이쪽의 사소

한 요구에도 친절하게 대응했다. 나는 마에다 씨가 보여준 '진격의 대응 자세'에 감동해 이 사람과 함께 일하고 싶다는 생각을 강하게 품고 있었다. 그리고 마지막까지 신중하게 빵을 시식하던 엄마가 고른 것은 혼마 제빵의 제품이었다.

큰 회사가 보여준 섬세한 배려

나는 마에다 씨에게 인사하기 위해 혼마 제빵을 방문하기로 했다. 처음부터 매우 친절하게 내 일처럼 함께 빵을 만들어 주었기 때문에 나는 그곳이 작은 회사일 거라고 멋대로 짐작하고 있었다. 그런데 막상 회사에 도착한 나는 어안이 벙벙해졌다. 혼마 제빵은 내가 상상했던 것보다 훨씬 큰 공장을 가지고 있다. 회사 자체가 매우 큰 규모였던 것이다.

이렇게 큰 회사가 우리처럼 작은 곳의 소소하게 많은 요구를 그토록 정성을 다해 들어주고 있었단 말인가.

그때부터 본격적으로 빵 만들기가 시작되었다. 주문하는 양이 적었음에도, '염분이 조금만 더 가미되었으면 좋겠다' '빵이 조금 더 촉촉했으면 좋겠다' 등등 엄마가 요구하는 세세한 요구 사항에 마에다 씨는 기분 좋게 대응을 해주었다. 그 모든 과정을 거쳐 우리가 원하는 빵이 만들어졌을 때의 감동은 지금도 잊을 수가 없다.

이렇게 해서 후르츠산도 전용, 다이와 오리지널 빵이 완성되었다.

일본 최고의
과일을 찾아 삼만리

일본 최고의 과일을 찾아서

일본 최고의 후르츠산도를 완성하는 데 필요한 원톱 주인공. 이제 일본 최고라고 자부해도 좋을 만한 과일을 찾아야 할 차례였다. 이 일은 내가 맡기로 했다.

지역 농산물 시장인 오카자키시 시장에는 한정된 과일들만 진열돼 있었다. 후르츠산도의 베리에이션을 늘리기 위해서라도 가능한 한 많은 종류의 과일을 발 빠르게 매입하고 싶었다. 나는 여러 종류의 과일을 취급하는 시장부터 찾아 나서기 시작했다. 그러다 도달한 곳이 도카이 지역의 최대급 시장이었다.

아침 일찍 차로 고속도로를 달려 한 시간. 적당히 먼 거리였다. 그러나 나는 매일 아침 다니기로 했다.

"안녕하십니까. 오늘 나온 과일 중 가장 맛있는 과일을 저에게 팔아 주십시오. 잘 부탁드립니다!"

시장에 있는 도매업자들을 한 명 한 명 찾아다니며 인사를 했다. 그러나 도매업계에는 장인정신을 중시하는 기질의 사람들이 많다. 그런 그들이 생판 초짜인 나를 나긋나긋 대해 줄 리 없었다. 나를 보는 그들의 눈빛에서는 찬바람이 쌩쌩 불었다.

"어이, 거기 젊은이, 너 누구고?"

"오늘부터 이 시장에서 과일을 사보려고 합니다. 저는 오카자키시에서 청과물 가게를 하는 오오야마라고 합니다! 잘 부탁드립니다!"

"자, 이게 가장 맛있는 놈이다."

"감사합니다! 그럼 하나만 먼저 사도 되겠습니까?"

"뭐? 이 자식이 지금 뭔 소릴 하는 거야?"

"우선 하나 사서 맛을 보고 싶습니다. 맛있으면 상자째 사겠습니다."

시장에서 과일을 살 때 내가 가장 중요하게 생각하는 것은 당연히 '맛'이었다. 간혹 과일의 겉모습만 보고도 맛을 구별해내는 능력자가 있다. 그러나 당시의 나에게 그런 능력은 없었다. 눈으로만 살펴보고 맛이 있는지 아닌지 판단하는 것은 당연하게도 불가능했다. 외양이 그럴듯해도, 실제로 먹어보면 맛없는 과일은 주변에 널려있다. 그래서 일단 먹어보고 맛을 확인한 후 사고 싶었던 것이다. 그런 내 태도가 도매상을 화나게 만드는 원인이 되어버렸다.

"건방진 애송이 놈. 너한테는 과일 안 팔아."

"어이! 너 이 자식, 무슨 소리를 하는 거야! 여기서 감히 내 상품을 맛보겠다고?"

"네. 우선 하나 사서 먹어보겠습니다. 뭐가 잘못된 겁니까?"

"이래서 어린 놈들은 안 된다니까. 시장 룰도 모르고 말야."

"과일을 직접 먹어보지 않고는 맛을 모르지 않습니까? 외양만으로 맛이 있는지 없는지 어떻게 압니까?"

"그런 식으로 사는 놈이 어디 있어? 박스 단위로 사야지."

"돈을 내겠다는데 뭐가 잘못됐습니까? 왜 하나를 팔지 않는 거죠?"

"우리는 한 박스 단위가 아니면 안 팔 테니까, 그리 알어."

"먹어보지 않고는 맛이 있는지 없는지 보증할 수 없잖아요."

"너 이 자식! 여기가 우스워?"

"아, 그럼 됐어요! 맛도 모르는 상품을 나는 살 수 없습니다. 우리 가게에 와 주는 손님들이 기뻐할 수 있는 과일이 아니면 안 된단 말입니다. 어르신은 이 과일을 박스째 팔고 싶으시겠지만 그건 어르신 사정이고요. 먹어봤는데 맛이 없으면, 어르신은 가족에게 먹이고 싶으시겠습니까?"

아무리 밀쳐내더라도 내게는 밀려날 데가 없었다

당시의 일을 떠올리면 쥐구멍에라도 들어가고 싶을 만큼 부끄러워진다. 그 무렵 나는 젊고 필사적이었기 때문에 시장 사람들을 대할 때 항상 싸울 기세였다.

하지만 이 바닥은 좁은 세계다. 건방진 놈에 관한 소문은 삽시간에 시장 전체로 퍼져나갔고, 나는 어느새 그들에게 거북한 존재가 되어있었다. 시장의 어른이든 젊은이든 가리지 않고 내가 원하는 것을 얻기 위해 무조건 밀어붙이기만 하던 시절이었다.

누구 하나 나를 알지도 못하는 곳에서 내 주장을 관철하려 몸부림치는 동안 나 역시 불안했다. 그래도 나에게는 소중하게 믿고 의지하는 것이 있었다. 그것은 할아버지가 늘 내게 들려주신 말씀이었다.

"고오키, 내가 맛있다고 생각하는 것이 아니라면 절대로 손님에게 팔면 안 된다. 무슨 일이 있더라도 그 부분은 절대 타협하면 안 돼. 그러려면 그 상품을 판매하는 스태프에게도 반드시 맛을 보게 해야 한다. 그래야 그 스태프가 나중에 손님에게 자기가 입으로 맛본 그대로를 전달할 수 있는 거야."

당신들이 아무리 밀어내도 상관없다. '일본 최고'로 맛있는 과일을 사기 위해서라면 그곳이 어디든 찾아 나서고 싶은 심정이었다. 그러나 비용 문제도 있으므로 가능하면 이 도매시장에서 구매처를 정하고 싶었다. 어떻게 하든 시장 사람들을 내 편으로 만들어야 했다. 이런저런 궁리를 하면서 어르신들의 마음속에 들어가려 애쓰다가 다시 내쳐지기를 반복하는 나날이었다.

'엄니, 나이스!'

차가운 시선을 받으면서도 나는 굴하지 않고 매일 한 시간씩 달려 나고야 시장까지 다니기 시작했다. 그러던 어느 날, 한 아저씨가 나에게 말을 걸어왔다.

"오오야마 군. 너, 미카 짱의 아들이지?"

"네? 네! 제 어머니를 아십니까?"

"어제, 네가 TV에 나오는 것을 우연히 봤다. 미카 짱의 가게여서 깜짝 놀랐지. 미카 짱하고는 시장 지인을 통해 오래전부터 알고 지내는 사이야. 내가 전에 신세를 진 것도 있고."

"아, 그러셨군요! 저야말로 우리 어머니와 잘 지내신다니 감사드립니다."

"곤란한 일이 있으면 언제라도 말하거라. 너처럼 젊은 사람들이 오면 다들 상대 안 해주지?"

아저씨는 웃으면서 그렇게 말했다. 나고야 시장에서 홀로 고립되고 있었던 내게 아저씨의 등장은 하늘에서 내려준 구원의 밧줄 같았다.

'엄니, 나이스!'

나도 모르게 마음속으로 그렇게 외쳤다.

일본 최고의 후르츠산도를 만들기 위해서 매일 아침 한 시간이나 걸려 나고야 시장에 오는 현실, 신참이기 때문에 시장 사람들에게 받아들여지지 못하고 있는 현실, 그런 사정을 아저씨에게 상담했다.

"무슨 일이 있어도 과일 맛만큼은 타협하면 안 된다."
할아버지는 늘 내게 말씀하셨다. 그 가르침대로 나는 지금도 일본 최고 과일을
찾아내기 위해 집착에 가까운 열정으로 임한다. 매일 새벽시장에 가고, 유기농
무농약 과일을 찾아 전국을 누빈다.

아저씨는 나의 이야기를 모두 듣고 난 후 "나라도 괜찮다면 협력하겠다."고 말씀하셨다. 그 한마디만으로 내 마음은 구원을 받은 듯 따스해졌다.

시장에서도 제법 먹힐 만한 영향력을 가진 아저씨는, 자신의 지인들을 한 명씩 내게 소개해 주셨다. 더불어 과일을 보는 안목과 지식을 내게 하나씩 하나씩 친절하게 전수하셨다.

아저씨 덕분에 나에 관해 퍼졌던 좋지 않은 소문도 서서히 사그라들기 시작했다.

후르츠산도는 외양이 90%

삼총사, 합체

유스케가 만든 생크림, 엄마가 선택한 빵, 그리고 엄선한 과일.

후르츠산도를 완성할 삼총사가 갖춰졌다. 우리는 할머니, 엄마, 유스케, 나, 이렇게 네 명으로 이루어진 후르츠산도 시제품 제작팀을 가동했다.

본격적으로 삼총사를 합체하기 전에 할 일이 있었다. 시중에 나와 있는 후르츠산도와 우리 제품 간의 차이를 명확히 인식할 것. 내가 먹었던 편의점의 후르츠산도 마찬가지이지만, 인터넷으로 후르츠산도라고 검색하면 과일을 작게 잘라 넣은 사진이 많이 나온다.

비교를 위해 우선 마트에서 팔고 있는 식빵, 생크림, 그리고 생과일을 가져다가 엄마가 인터넷에 나와 있는 사진들과 비슷하게 후르츠산도를 완성했다. 네 명이 함께 그것을 먹어보았다.

"이거, 편의점 후르츠산도와 다르지 않은데. 과일이 캔조림이 아닌 것만 빼면….”

“그래? 나는 그럭저럭 괜찮은데.”

“음…, 뭐랄까. 이걸로는 두근두근 설레는 기분이 들지 않을 것 같아. 멜론빙수를 완성했을 때처럼 흥분되는 기분 말야. 이걸로는 일본 최고라고 자부할 수는 없겠는걸.”

“고오키, 일본 최고라니 무슨 소리야?”

“엄마, 내가 말이지, 기왕 하는 거 일본 최고의 후르츠산도를 만들고 싶어.”

“일본 최고!? 너 또 무슨 어처구니없는 소리를 하는 거야.”

엄마는 화들짝 놀라며 어이없다는 표정을 지었다.

드디어 우리가 고심하며 개발한 삼총사를 결합할 차례였다. 우선 엄마가 선택한 빵에, 유스케가 만든 생크림을 바르고, 시장에서 엄선해 가져온 과일을 잘게 썰어서 끼웠다.

“…맛있다!”

“…. 오우, 맛있어!”

“엄청나게 맛있어어어어어어어!”

상상을 초월하는 맛의 조합에 우리 네 명은 함성을 내질렀다.

'쫘악' 커팅! 단면의 기적

할머니와 엄마, 유스케가 한꺼번에 지르는 환호성을 들으면서도 나는 한 가지 신경 쓰이는 것이 있었다. 그것은 외양.

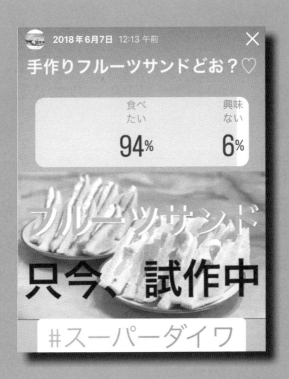

오우! 맛은 기가 막히네.
2018년 6월 7일. 첫 시제품이 만들어졌다.
하지만 뭔가가,
아직은 뭔가가 부족하다는 느낌을 지울 수가 없었다.

분명 맛은 기가 막히게 좋았다. 그러나 임팩트가 없었다. '이 것이 일본 최고의 후르츠산도입니다! 자 드세요!' 하고 고객에 게 내밀었을 때, 과연 일본 최고라고 불릴 만큼의 외양을 가진 것일까? 그 질문 앞에서 선뜻 고개를 끄덕일 수가 없었다.

기왕 하는 거 '일본 최고'라는 할아버지와 나의 목표에 걸맞게 만들고 싶었다. 게다가 과일을 잘게 써는 공정은 손이 많이 가고 시간도 걸렸다. 빨리 질리는 성격인 나는 순간 앞서고 말 았다.

"과일을 이렇게 잘게 써는 일은 귀찮고 힘들지 않아요?"

"그야 그렇지만, 후르츠산도에 넣는 과일이니까 당연히 잘게 썰어야지."

"엄마! 그렇긴 한데, 시간이 너무 많이 걸리잖아. 또 바나나는 시간이 지나면 거무튀튀하게 변해버리잖아."

"그럼 어떻게 하자는 말이니?"

"흐음…. 그건 나도 잘 모르지만, 만드는 데 시간이 많이 걸리는 것만은 분명해."

불현듯 어떤 생각이 스쳐 갔다.

"잠깐 도마와 칼 좀 줘 봐."

나는 가까이에 있던 멜론을 가져다가 두툼하게 자른 뒤 껍질과 씨만 발라내고 엄마에게 건넸다.

"엄마, 이대로 멜론을 샌드위치로 만들어줘."

"이 녀석아, 이렇게 큰 걸 통째로 안에다 넣기는 힘들지. 어떻게 넣으라는 거냐?"

"잘게 써는 건 정말 큰 일이란 말이야. 빵에 생크림을 바르고 그대로 멜론을 넣으면 되잖아."

"아휴, 안 들어간다고 하는데 자꾸…, 누굴 닮아서 저리 고집이 센지…."

엄마는 투덜투덜하면서도 빵에 생크림을 바르고, 멜론을 그대로 넣어서 샌드위치를 만들어 주었다. 나는 그것을 반으로 잘랐다.

그것을 '쫘악' 벌리니…….

…….

우리 네 명 모두 할 말을 잃은 채 몇 초간 그 모양을 바라보기만 했다. 지금까지 본 적도, 들은 적도 없는 엄청나게 이쁜 후르츠산도의 단면이 그 자태를 드러냈다.

다음 순간, 엄마가 격하게 웃기 시작했다.

"이게 무슨 일이야! 이럴 수는 없지. 웃음이 멈추질 않네!"

할머니도, 유스케도 웃기 시작했다.

"사장님! 이거이거, 임팩트 폭발입니다. 아아, 큰일났군요. 진짜 이거이거, 엄청난 거 아닙니까!"

"응. 이거 괜찮은 거 같아. 와하하하하하하하하!"

우리는 한동안 서로의 얼굴을 보며 미친 듯이 웃어댔다.

"이런 후르츠산도는 지금까지 본 적이 없어! 이거라면 해볼 만하겠어. 반드시 될 것 같아."

충격과도 같은 순간이었다. 우리의 웃음은 끊이지 않았지만, 그 순간에도 나는 내심 떨렸다. 이런 후르츠산도는 본 적이 없다. 우리의 주관적인 감상을 떠나 정말로 강력한 외양이었다. 멜론처럼, 우리는 다른 과일도 잘게 썰지 않고 통째로 넣어보기로 했다.

그랬더니 어떤 것이든 박력 넘치게 이쁜 단면을 지닌 후르츠산도가 만들어졌다.

얏호!

상품이 완성되었다. 심장 박동 소리가 점점 커졌다.

우물 안 개구리

천하제일을 목표로 삼아…,

상품의 완성은 포장이다. 아마도 후르츠산도는 테이크아웃이나 선물이 될 가능성이 높았다. 그러므로 이 상품이 누군가에게 전달되었을 때 '우와, 스고이!'라고 곧장 외칠 수 있는 상품을 만들고 싶었다. 외양의 임팩트가 무엇보다 중요했다.

생크림, 빵, 신선한 과일, 그리고 마지막까지 고려해야 하는 것이 포장이었다. 여기서 물러서거나 타협하면, 기껏 여기까지 온 모든 노력이 쓸모 없어진다.

먼저 포장집을 찾아가 후르츠산도를 감쌀 비닐을 샀다. 그러나 막상 감싸보니 어딘지 허전한 느낌이 들었다. 상품 마크나 로고 같은 것이 필요해 보였다. 후르츠산도 로고를 만들어야겠다고 결정한 순간 불쑥 떠오른 얼굴이 있었다. 내가 타코야키 가게에서 일할 때 만난 어떤 사장이었다.

식도락의 도시 오사카에서 일본 각지 인기 음식점들이 집결

한 '먹거리 대제전' 행사가 열린 적 있다. 며칠에 걸쳐 개최되는 대형 이벤트였다. 부친의 타코야키 가게도 그 이벤트에 참가했었다. 부친의 타코야키는 인기가 많아서, 아이치현에서 열리는 어떤 행사에 나가든 항상 잘 팔렸다. 언제나 이벤트 기간에 '가장 많이 팔리는 타코야키 가게'로서 인기몰이를 해온 것이다. 그러나 오사카 이벤트는 사정이 다르다는 것을 나는 이미 알고 있었다. 전국 각지에서 내로라하는 맛집들이 모이는 것이니 지금까지와는 비교가 안 되는 강적들이 나올 게 분명했다.

특히 이벤트 업계 사람이라면 누구나 한번은 이름을 들어본 적 있는 '일본에서 가장 많이 팔리는 가라아게집*'도 참가할 예정이었다. 바로 저 유명한 규슈의 맛집 '원조 하카타 가라아게 전문점 다타카'였다. 게다가 장소도 우리 옆자리였다.

일본에서 가장 많이 팔리는 가라아게 가게가 바로 옆집이라면? 재미있는 승부가 될 것 같았다. 우리는 아이치현에서는 가장 많이 팔리는 타코야키집이다. 이번에야말로 진정한 매출 1위가 되리라! 지기 싫어하는 나는, 투지를 불태우며 준비했다.

완패의 기억

행사에 참여한 음식점은 40개 점포 정도. 그중에서도 옆집에 자리한 가라아게 전문점은 첫날부터 대성황이었다. 소문대로 그

---

* 닭고기나 해산물을 양념한 후 전분을 입혀 튀긴 음식.

가게는 매일 손님 행렬로 북새통을 이루었다. 우리가 하루 50만 엔 매출을 올릴 때 옆집은 하루 100만~150만 엔 매출을 계속 달성했다. 완패였다. 그것이 분해서 나는 참을 수가 없었다. 우리도 아이치현에서는 유명한 타코야키집인데, 이 매출의 차이는 어디에서 오는 것일까?

이대로 끝나는 건 너무 아쉬웠다. 이벤트 업계 사람들 사이에서 이 가라아게 전문점은 따로 언급할 필요조차 없는 유명 브랜드였다. 그러나 일반 고객들에게까지 이름이 알려진 가게는 아니었다. 그럼에도 여러 가라아게집이 참가한 행사에서 긴 행렬이 생기는 것은 유독 옆집뿐이었다.

나는 분한 마음을 가다듬고 다른 가게들과 그 식당이 뭐가 다른지 매일 관찰하기로 했다. 팔리는 데에는 팔리는 이유가 반드시 있기 마련이다. 옆집의 맛, 스태프들의 움직임, 행렬의 동선, 찾아오는 손님들을 계속 지켜봤다. 스태프들이 특별히 친절해 보이지는 않았다. 가게 앞에 세워져 있는 가라아게 사진이 실린 간판도 다른 보통의 것과 크게 다르지 않았다.

간판과 가게 구성을 스마트폰으로 찍고 매일 관찰했지만, 이유를 알 수가 없었다. 답을 찾지 못해 고민하던 나에게 이벤트 마지막 날, 그 정답을 알 수 있는 기회가 왔다.

패키지에 담은
'다이와'의 혼

혼을 담을 거면 손글씨로 가자!

파란색 스트라이프 수트를 걸치고 진한 선글라스를 쓴, 누가 보더라도 강렬한 분위기를 풍기는 인물이 텐트 뒤쪽 파이프 의자에 앉아 있는 것이 보였다. 그가 이 가라아게집 사장임이 분명했다. 그렇게 확신한 나는 조심조심 다가갔다. 얼핏 보면 무서운 얼굴이지만, 나는 용기를 내서 말을 걸었다.

"안녕하세요! 이 가게 사장님이시지요?"

"그런데. 너는 누구?"

"저는 옆집에서 타코야키를 파는 사람입니다. 지금까지 여러 이벤트에 참가했었는데, 행사 때마다 가장 많이 팔리는 타코야키집으로 이름을 날렸어요. 지금도 아이치현에서는 저희를 이길 상대가 없었습니다. 그런데 이번 이벤트에 참가해서 사장님네 가라아게집의 위력을 보고야 말았습니다. 솔직히 엄청 좌절했습니다. 지금까지 어떤 가게에도 져 본 적이 없었는데, 이번에 완패입니다. 정말 분합니다. 사장님네 가라아게가 이렇게 잘 팔리는 이유를 저에게 알려 주실 수 있는지요. 부탁드립니다."

나는 진심을 담아서, 고개를 깊이 숙여 간청했다.

"어이, 재미있는 청년이네. 몇 살이야?"

풍모에서도 이미 짐작되던 목소리로 그가 물었다. 그의 포스에 잔뜩 풀이 죽은 나는 고개를 들고 대답했다.

"지금, 스물세 살입니다."

"그래? 너무 어리네. 이봐, 젊은 친구. 우리 간판 봤어?"

"네. 여러 번 봤습니다. 실례일지 모르지만, 사진도 많이 찍었습니다."

"오, 그래? 그럼 다시 자알, 봐봐. 뭔가 다르지 않나?"

"아…, 제 눈에는 그냥 보통 간판으로…. 죄송합니다!"

"아하하하, 모르겠지. 그럼 가르쳐주지. 간판에 적힌 상호 글자를 자알, 봐봐."

"글자 말입니까?"

"그래. 글자가 다르게 보이지 않나? 다른 가게들의 간판은 컴퓨터로 쓴 글자, 우리 간판의 글씨는 붓글씨로 쓴 글자인데…. 내가 한 글자 한 글자, 정성 들여 쓴 글씨란 말이지."

"아, 그렇군요! 이제 보니 이 가게의 간판만 붓글씨로 쓰인 글자였네요."

"그거야, 친구. 내가 비밀을 알려줄 테니 똑똑히 들어둬!"

"네, 잘 부탁드립니다."

붓글씨로 직접 써서 다이와의 로고를 만들었다. 손수 쓴 글자에
는 혼이 담기는 거라던 가라아게 가게 사장님의 말은 진리였다.
나는 지금도 특별한 일이 없는 한 이 로고가 박힌 티셔츠를 입고
다닌다.

"손으로 쓴 글자에는 혼이 담기는 거야. 가라아게를 포장하는 종이 있지? 거기에도 내 글씨를 로고로 만들어 인쇄했어."

"아! 그렇군요!"

"그렇게 만든 종이로 포장한 순간, 가라아게에 나의 혼이 실리는 거야. 이것이 잘 팔리는 이유! 어때, 좋지?"

상품에 혼이 실린다.

"과연!! 정말 감사합니다."

"젊은 친구가 참 기특하네. 보통은 그런 거 안 물어보는데 말이야. 알량한 자존심 때문에 비결을 묻지도 못하고 이러쿵저러쿵 비판만 해대지. 그러다 아무것도 모른 채 장사도, 인생도 종쳐 버리는 거야. 한데 이렇게 솔직하게 물어보는 걸 보니 너는 큰 인물이 될 듯하군. 크게 되어서 또 만나러 오거라이!"

사장은 구수한 후쿠오카 사투리로 그렇게 말했다. 그 방언과 멋짐에 반해서 내 팔뚝에는 오소소 닭살이 돋았다.

그날의 기억을 떠올리며, 후르츠산도에 사용할 로고를 나의 혼을 담아 붓글씨로 써보기로 했다. 다이와의 '다'를 쓰고 둥글게 원을 그렸다. 그리고 탁음의 탁점은 그 테두리에 사람이 모이는 이미지로 밖에 찍어 두었다. 이렇게 다이와의 로고가 되는 '마루(원) 다'가 탄생했다.

3장 우리들의 후르츠산도,
판매 개시!

도쿄에서 승부를 걸어본다?
정말 신나는 일이 될 것 같았다.
하지만 솔직히 무섭기도 했다.
'우리의 후르츠산도가 도쿄에서도 먹힐까?'

버스 가이드 할머니와
배려쟁이 할아버지

드디어 후르츠산도를 선보이던 날

신선한 과일, 맛있는 빵, 생크림, 그리고 포장까지 완성.

아침 6시부터 4인 체제로, 드디어 우리의 후르츠산도 만들기가 시작되었다. 그리고 매장 오픈 시간이 되어 후르츠산도 판매를 개시했다. 마트에는 변함없이 빙수 행렬이 이어지고 있었다. 고객들은 본래 빙수를 살 목적으로 온 것이므로 '후르츠산도'라는 존재는 당연히 아무도 몰랐다.

빙수 행렬 맨 앞에 서 있던 손님에게, 후르츠산도를 소개하기로 했다. 또 줄을 서고 있던 사람들을 대상으로 우리 할머니가 반찬 집는 집게를 들고, 안내방송(?)을 시작했다.

"여러분, 안녕하세요! 다이와 슈퍼의 할머니 다즈 짱입니다. 아침부터 빙수를 위해 줄을 서 주신 분들께 진심으로 감사드립니다. 오늘 와 주신 여러분께 특별한 안내를 드리려고 합니다. 다이와 슈퍼는 빙수도 맛있지만, 후르츠산도가 더 맛있습니다.

사진만이라도 꼭 찍어주시기 바랍니다.”

　사실 할머니는 처음에 못한다고 했었다.

　“할머니, 다이와 슈퍼의 가이드가 되어주세요.”

　“무슨 소리를 하는 거냐! 부끄럽구로.”

　“부끄럽기는, 할머니. 젊었을 때 잘 나갔다고 그랬잖아. 실력 발휘 좀 해줘요.”

　“그건 그렇다만, 지금은 다 늙어서 안 되는….”

　“뭐 상관없어. 한번 제대로 부탁해, 할머니!”

　한데, 이게 무슨 일이람.

　좋았던 과거의 기억은 쉽게 사라지지 않는다. 마이크 대신 반찬 집게를 들고 사람들 앞에 선 할머니는 언제 망설이셨나 싶을 만큼 술술술, 신나게 이야기를 하시는 게 아닌가. 그 모습을 본 나는 혼자 키득키득 웃고 말았다. 사실 우리 할머니는 왕년에 버스 가이드였다. 진짜인지 거짓인지 확인할 길은 없지만, 할머니는 당신이 그 시절 엄청난 인기를 몰고 다녔다고 우리에게 말씀하시곤 했다.

　아무래도 그 말은 진실에 가까운 듯했다. 반찬 집게를 쥐고 후르츠산도를 안내하는 할머니의 센스는 천하일품이었다. 이윽고 할머니의 가이드에 흥미를 갖게 된 사람들이 후르츠산도 사진을 찍고 싶다며 하나둘, 손을 들기 시작했다.

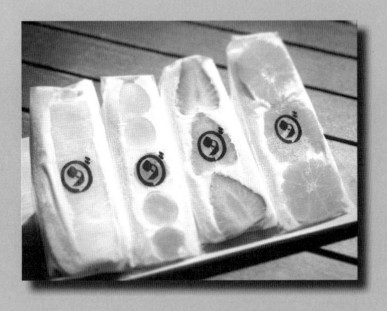

짜잔! 우리의 첫 후르츠산도가 다이와 슈퍼에 진열되었다.

"가와이이~~!"

"딸기 산도도 하나 주세요."

손님들의 반응은 폭발적이었다.

그날 이후 빙수뿐만 아니라 후르츠산도 행렬도 길게 생겨났다.

차례로 손님을 가게 안으로 안내하며 냉장 케이스에 든 후르츠산도를 선보였다.

"꺄아악! 뭐예요, 이거! 가와이이~~~! 키레이데스네^^^!"

"우와! 엄청 맛있어 보인다."

"이거 살래요, 얼른 주세요."

후르츠산도를 본 사람들의 반응은 대단했다. 후르츠산도 사진을 찍은 사람들이 빙수 행렬로 돌아가서, 자신이 찍은 사진을 다른 사람들에게 보여주고 있었다. 삽시간에 주변이 떠들썩해지면서 "나도 후르츠산도 사진을 찍고 싶어요."라는 반응이 연쇄적으로 터졌다.

'빙수보다 어쩌면 후르츠산도 쪽이 더 인기가 높아지는 게 아닐까.'

내 마음은 두근두근, 설렘으로 차오르기 시작했다. 후르츠산도에 대한 입소문은 SNS를 타고 즉각 확산해 나갔다. 이렇게 빙수와 함께 후르츠산도 행렬도 매일매일 길게 생겨났다.

일손이 없어, 일손이

그러나 판매를 개시하자마자 생산 쪽에서 문제가 발생했다. 아침부터 전력을 다해 후르츠산도를 만들어도 매일 100개 정도밖에 만들 수 없었다. 일손도 부족한 데다 모든 것이 수작업이었기 때문이다. 후르츠산도를 사려고 일부러 가게를 찾아온 사람은 한꺼번에 열 개씩 사간다.

그러면 하루에 열 명의 손님밖에 살 수 없다는 계산이 나온다. 퍼지는 입소문과는 반대로, 살 수 있는 사람 수는 적어지기만 하는 것이다. 한동안 그런 날이 계속되고, 후르츠산도를 사지 못한 채 허탕 치는 사람은 날마다 늘어갔다. 하는 수 없이 우리는 한 사람이 살 수 있는 개수를 제한하기로 했다.

'한 사람당 세 개로 구매 제한하오니 잘 부탁드립니다.'

이제 후르츠산도는 오픈 한 시간 전부터 줄을 서는 사람이 생길 정도였다. 게다가 외지에서 오는 손님들까지 점점 늘어나는 추세였다.

줄을 서서 대기하는 손님들을 밀착 대응해준 사람은 할아버지였다. 구매 제한을 했는데도, 줄을 선 손님 모두가 살 수 없는 날이 이어졌다.

"일부러 멀리서부터 와 주셨는데, 정말 미안해서 어쩌지."

할아버지는 대기 줄에 서있는 손님들에게 연신 양해를 구하고, 그들을 위해서 당신이 할 수 있는 것은 무엇이든 했다. 종종 과일을 건네거나 신선한 회를 주기도 하고, 옥수수를 삶아서 건네기도 했다. 그런 할아버지의 접객 덕분에 불만이 나오지는 않았다. 오히려 "할아버지, 다시 올게요." 하면서, 모두가 기분 좋게 돌아가곤 했다.

할아버지가 입버릇처럼 말씀하시던 장사의 마음가짐, '고객을 위해서'는 고객에게 그대로 전달되었다. 할아버지는 그 모든

2018년 여름,
멜론 빙수와 후르츠산도를 찾는 사람들로 다이와 슈퍼는 문전
성시를 이루었다.
초기의 시행착오를 발 빠르게 수정하면서,
우리 가게는 오카자키의 명소로 자리 잡아 나가고 있었다.

가르침을 말 없는 행동으로 나에게 알려주고 계셨다.

그렇게 여러 달이 지났는데도 후르츠산도의 인기는 수그러들지 않았다. 나는 결심했다. 스태프를 늘려서 후르츠산도를 더 많이 만들기로 한 것이다.

스태프가 충원되면서 하루 생산량도 점점 늘어났다. 이것이 사장으로서 나의 첫 직원 증원이었다.

우선 열 명의 동료를 모으자

오카자키 최고 미남과의 만남

상품을 제외하고, 나에게 가장 자랑스러운 보물은 직원들이다. 후르츠산도 증산과 함께 동료가 하나씩 둘씩 늘어갔다. 솔직하게 말하자면, 다소 무리해서 늘렸다고 할 수 있다.

빙수, 그리고 후르츠산도가 갖춰졌다. 앞으로 상상을 초월할 정도로 바빠질지 모른다는 예감으로 두근두근 설레던 무렵, 한 남자를 재미있게 만났다.

다이와 슈퍼에서는 오래전부터 가게 한쪽에 '취식공간eat in space'을 마련해 두고 있었다. 막 만든 음식을 손님들이 그 자리에서 맛볼 수 있게, 또 휴식을 취할 수 있도록 할아버지가 만든 공간이었다. 거기에 앉아 있는 사람들에게 말을 건네는 것도 나의 일과 중 하나였다.

어느 날, 다이와 반찬코너에서 한 번도 본 적 없는 훌륭한 금눈돔찜Golden eye Sea bream을 취식공간에서 너무나도 맛있게 먹고 있는 청년을 보았다. '저런 상품이 있었던가?' 나는 신기하게 여기면서 그에게 말을 걸었다.

"손님, 어디에서 오셨어요?"

"아, 안녕하세요! 사장님이시죠? 저, 사장님과 같은 고등학교 후배랍니다!"

"정말? 후배라고?"

갑자기 친근감이 생겨서 나는 말을 놓았다.

"료스케라고 합니다. 잘 부탁드립니다."

"그렇군. 나도 잘 부탁해! 그런데, 이 금눈돔찜은 우리 마트에서 팔고 있는 거야?"

"아니요. 이건 사장님의 할머니께서 저를 위해 특별히 준비해 주신 겁니다."

"엥? 그게 무슨…."

그리고, 할머니는 여자가 되었다

나는 안에서 반찬을 만들고 있던 할머니에게 물었다.

"할머니, 저 금눈돔찜은 뭐야?"

"어, 고오키. 수고가 많다. 저 아이 말이야, 료스케라고 해. 정말 잘생기지 않았니? 이 할미는 료스케 군이 너무 좋거든. 잘생겼지, 성격 좋지, 잘 먹지. 료스케 군, 오늘 금눈돔찜 맛있게 먹었나 모르겠네."

할머니가 꿈꾸듯 행복한 목소리로 말했다. 본래 메뉴에 없는 것을 멋대로 내놓는 행동에 민망해하기는커녕 녀석의 일거수일투족을 보며 미소만 지었다. 그러다가 료스케가 자리에서 일어서는 모습을 보고는 반찬코너에서 뛰쳐나가듯 그쪽으로 이동했다.

"할머니, 항상 감사합니다. 오늘 금눈돔찜 너무 맛있었습니다. 다시 또 먹고 싶을 정도입니다!"

"정말? 아이고 고마워. 다음에도 맛있는 거 만들어 줄 테니까 먹으러 와줘~잉."

"네. 항상 감사합니다! 기대하고 또 오겠습니다!"

"응? 항상? 항상, 감사하다고?"

료스케는 키가 185센티미터에다 얼굴이 작고, 부러울 정도로 잘 생겼다. 자세히 물어보니, 우리 할머니는 어느 날 다이와 슈퍼에 장을 보러 온 료스케를 발견하고는 너무나 잘생긴 청년이라서 말을 걸었다고 한다.

그 이후 줄곧 료스케가 좋아하는 요리를 특별히 준비해 두었다가 녀석이 장을 보러 오는 날에 내어준 것이다. 료스케가 좋아하는 음식이 무엇인지 알아낸 후, 미리 정한 날에 맞춰 밥을 준비해 둔 할머니의 정성이라니…. 료스케의 부러운 외모와 할머니가 여자가 된 마법, 나는 복잡한 기분이 들었다.

그렇게 나와 료스케의 인연이 시작되었다. 그러잖아도 다이와에는 사람이 필요했다. 할머니가 그토록 아끼는 료스케를 동료로 스카우트하기로 했다.

바로 그 료스케가 지금은 나의 오른팔이자 가장 편안한 상담 상대가 되었다.

그렇게 하나 둘, 동료가 늘어갔다

지금 생각하면 나의 인재 영입은 '막가파' 식이었다고 볼 수 있다. 멋지게 말하면 헤드헌팅이지만, 갑작스레 인재를 잃은 회사에는 적잖은 민폐를 끼친 셈이다. 언젠가 꼭 사죄하고 싶다.

후르츠산도를 중심축으로 해서 '본격적으로 사업 전개를 시작'하는 타이밍에 동생 소스케가 다이와에 입사했다. 하루하루 지날수록 사람이 더 필요해진 우리는 접객을 잘할 만한 친절한 사람을 스카우트해 나가기로 했다.

료스케 다음으로 생각난 사람은 동생 친구인 타이시였다. 타이시는 오래전부터 웃기는 녀석이었다. 참고로 얼굴은 2022년 카타르 월드컵에서 대활약했던 프랑스의 보물 음바페를 닮았다.

나는 소스케에게 타이시의 전화번호를 물어 바로 연락했다.

"타이시! 나 기억해? 소스케의 형, 고오키. 소스케에게 전화번호 물어서 연락했어."

"아, 형! 오랜만입니다. 잘 지내시죠?"

"타이시! 지금 무슨 일하고 있어?"

"공장에서 일하고 있어요!"

"너 옛날부터 참 재밌는 녀석이었는데, 꽤 안정적인 직업을

경력도, 성격도 제각각이다.

일손이 부족해지자 나는 막가파 식으로 인재를 발탁했다.

전 직장의 동료, 동생의 친구, 할머니의 짝사랑, 가게 손님….

인성과 감각이 남다르다 싶으면 망설이지 않고 영입을 제안했다.

택했네? 즐겁게 일하고 있는 거야?"

"아뇨. 같은 작업만 반복하니까, 재미있을 리가 없죠."

"그럼, 우리랑 함께 일하자! 상사에게 일 그만두겠다고 말할
수 있어?"

"네, 바로 그만두고 갈게요!"

3일 후, 타이시는 정말로 직장을 그만두었다.

지금 그는 다이와 최고의 분위기 메이커 캐릭터로서, SNS에
서도 인기 짱인 스태프가 되었다. 타이시가 합류한 후 얼마 안
되어, 같은 방법으로 사람을 모으기 시작했다. 친구들, 심지어
가게에 오는 손님 중에서도 맘에 드는 사람에게 말을 걸어 직원
으로 채용했다.

유스케, 료스케, 타이시, 야마토, 료, 치히로 짱, 치에 짱, 히
로무. 거기에 동생 소스케와 나를 합하면 이제 열 명이 되었다.

타코야키집, 오카자기죠사이 고등학교 후배, 자동차 공장 근
무, 부동산 영업맨, 의류업 점원, 고등학생 아르바이트, 파견 직
원, 4성급 호텔 셰프….

업종도 제각각이었다. 그러나 경험 같은 거 상관없이 우리는
모두 이제 막 시작했을 뿐이다. 나는 그들의 인간성, 그리고 나
의 감각만을 믿고 사람을 모았다. 이렇게 해서 우리의 행진곡에
는 연주자들이 한 명 두 명 늘어갔다.

그녀는 예뻤다

하고 싶은 것은 전부 다 해라

2019년 봄. 사장이 된 지 1년. 그간 많은 이들이 후르츠산도를 찾아 다이와 슈퍼에 와 주었다. 뜨거운 여름 날에는 가게 밖에서 땀을 흘리며 빙수를 먹고, 추운 겨울날에는 추위에 떨면서 후르츠산도를 기다려주었다. 그런 광경이 당연해졌다.

1년간 고객들의 그런 모습을 봐 온 나는 손님들이 좀 더 쾌적한 공간에서 여유 있게 다이와의 상품을 먹을 수 있는 공간을 만들고 싶어졌다. 그런 생각이 머릿속에서 떠나지 않았다.

나는 오랜만에 가족회의를 열기로 했다. 할아버지, 할머니, 엄마, 동생, 그리고 나. 각자가 너무 바빴기 때문에 다섯 명의 가족회의는 오랜만이었다. 빙 둘러앉아 내가 생각한 것을 이야기했다.

"손님이 늘어난 것은 정말 좋은데, 우리 가게를 찾아주는 손님들을 위해 좀 더 쾌적한 환경을 마련해야 한다고 생각해. 다들 어떻게 생각해요?"

"형, 무슨 뜻이지?"

소스케가 물었다.

"더운 날에는 에어컨이 나오는 곳에서 시간을 보낼 수 있게 했으면 좋겠고, 추운 날에는 몸을 따뜻하게 녹일 수 있는 곳에서 후르츠산도를 먹게 했으면 좋겠어."

할아버지가 입을 열었다.

"마트 옆에 작은 움막을 만들어 볼까?"

"할아버지, 움막을 만든다고 해도 지금 행렬만큼의 손님이 다 들어갈 공간으로는 협소하지 않을까⋯."

"그래? 그럼 어떻게 해야 할까."

"최근 계속 그 생각만 했는데, 작아도 좋으니 카페를 만들어 보면 어떨까?"

"오~ 킷사텐? 그거 좋은데."

"아니야, 할아버지. 킷사텐이 아니라 카페."

"늙은이는 그런 거 차이를 잘 몰라. 내놓는 메뉴가 케이크에서 후르츠산도로 바뀌는 정도 아닌가? 하면 되지!"

할아버지는 마치 '지금부터 온천에 가자'라고 제의하듯 가벼운 어투로 그렇게 대꾸했다.

"할아버지, 카페 만드는 거 찬성? 결정이 너무 빠른 거 아냐? 좀 더 신중하게 생각해줬으면 하는데."

"괜찮다! 너라면 할 수 있어. 나는 아무 걱정도 안 한다."

"할아버지, 회사의 일이니까 진지하게 생각해줘."

"고오키! 하고 싶은 것은 전부 다 해라. 네 머릿속에 떠오르는 것이 있으면 그냥 다 해. 해봐야 그것이 성공할지, 실패할지 알게 될 거 아니냐? 설령 실패한다 해도 다시 도전하면 그뿐이야. 인생은 한 번뿐이다."

할아버지는 그렇게 언제나 나를 밀어주었다. 그 힘찬 소리에 할머니, 엄마, 동생 역시 동의를 표하며 카페를 만드는 것이 결정되었다.

그 자리에서 이름도 정했다. 다이와의 카페이니까 '다카페'. 이거라면 우리의 심볼인 '마루 다'를 사용할 수도 있으니 딱이었다. "이 이상의 이름은 없네." 하며 가족 모두 신이 났다.

아름다운 여성에게 부탁했다

그렇게 다카페를 만들기로 했지만, 카페를 만들어 본 적이 없는 나에게는 모든 것이 도전과 실패의 반복이었다. 게다가 나에게는 결정적인 약점이 있었다. 나는 커피를 못 마셨다. 그런데 카페를 만든다니. 스스로 생각해도 참 무모한 도전이었다. 하지만 지금까지 무모한 도전만 반복해온 나에게 '무모'라는 말은 '우리의 스테이지를 하나씩 위로 올리는 도전'이라는 정의로 바뀌어 있었다.

그러던 어느 날, 내가 마트에서 빙수 계산대에 서 있을 때의 일이다. 그날 마지막으로 와 준 손님은 아이를 데리고 온 아름다운 여성이었다.

그녀가 너무나 아름다워서 나는 말을 걸어볼 기회를 엿보고 있었다. 한데 그녀 쪽에서 먼저 나에게 말을 걸어왔다.

"사장님, SNS에서 봤어요. 항상 응원하고 있어요."

"우와! 정말 기쁩니다. 감사합니다!"

"저, 오늘 도쿄에서 왔답니다. 본가가 아이치현이어서 다니러 왔어요. 도쿄에도 다이와가 있으면 좋겠다고 생각하는데…."

"우리 다이와 카페를 만들 예정이에요. 가게가 완성되면, 꼭 놀러 와 주세요."

"어머나, 카페를 만드신다고요? 기대하고 있을게요."

"저어, 도쿄에 사시면 혹시 홍차나 커피가 맛있는, 멋진 카페를 추천해 주실 수 있을까요. 제가 카페를 잘 몰라서요. 공부하러 가고 싶어요."

"그러시군요. 그럼, 조만간 제가 좋은 곳을 소개할 테니 함께 가시겠어요?"

"정말입니까? 괜찮으시다면, 꼭 부탁드립니다!"

오모테산도 홍차 전문점에서

매장 마감 직전에 이루어진 대화였기 때문에 형식적인 인사말이라고만 생각했다. 그런데 다음날, 그 여성은 정말로 연락을 주었다. 그리고 3일 후, 그녀는 나를 도쿄 오모테산도의 멋진 홍차 전문점으로 데려갔다.

역시 도쿄는 달랐다. 그 카페는 오카자키에는 없는 유형의 가게였다. 매장 분위기와 인테리어는 세련되고, 과일 티와 플레이버 티가 메뉴에 가득 있었다. 그렇게 화려한 음료는 처음이었던 나에게는 매우 놀라운 체험이었다.

가게의 마스터는 이토라는 사람이었다. 이토 씨와 나는 생일이 같다는 화제로 시작해 금세 화기애애하게 이야기꽃을 피웠다. 그날 첫 대면이었는데도 불구하고 이토 씨는 점포 만드는 것과 관련한 여러 가지 정보를 나에게 알려주었다.

"오오야마 씨, 홍차는 정말 깊이 있는 음료입니다. 나는 찻잎에 관한 한 까다롭게 매입을 하고 있답니다. 내가 맛있다고 느끼는 것만 메뉴에 올립니다."

"아, 저의 할아버지도 똑같은 말씀을 하십니다. '스스로 맛있다고 생각하는 것만 손님에게 팔아라'라고요. 이토 씨와는 뭔가 신기한 인연을 느낍니다."

"하하하, 기분이 좋은데요. 곤란한 일이 있으면 언제라도 얘기하세요. 상담해 드릴게요."

"정말 감사합니다!"

천재 사령관, 등장!

하가 씨가 나타났다

"이토 씨, 갑작스러운 부탁이지만 커피를 다루는 사람 중에서 괜찮은 분 알고 계시면 소개해 주실 수 있을까요?"

이토 씨는 홍차 전문가였다. 그러나 그 분야에 젬병인 나에게는 홍차와 커피가 비슷한 음료로 보였다. 그러니 그 방면의 전문가를 알고 있을지도 모른다. 나는 아니어도 어쩔 수 없다는 생각으로 물어보았다.

"커피? 있지요, 있고말고요. 소개해 드릴게요. 전화해볼 테니 잠시만 기다리세요."

밑져야 본전인데, 성공했다. 그리고 이렇게 자기 분야에서 성공한 사람들은 행동이 빠르다는 공통점을 가지고 있다. 이토 씨는 내 눈앞에서 바로 전화를 걸었다. 그로부터 30분도 안 되어 커피점 오너가 나를 만나러 달려와 주었다.

그의 이름은 하가 다이스케. 나보다 열 살이 많았다. 그 하가 씨는 맛있는 커피를 찾아 직접 에티오피아 현지에 가서 자신의 눈으로 보고, 향을 느끼고, 맛을 확인하고, 정말로 좋다고 생각한 것만을 매입하고 있다고 했다.

커피에 대한 그의 열정과 노력을 듣고, 나는 크게 감동했다. 이후 사령관 같은 존재로 자리매김한 하가 씨와의 만남이 내 인생을 크게 펼치는 출발점이 되었다.

이 사람과 일하고 싶다!

하가 씨와 내가 만난 것은 다카페 오픈 10일 전. 다카페에서 사용할 커피는 대형 커피회사와 이미 공급 계약을 체결한 후였다. 그러나 나는 만나는 순간 직감적으로 '하가 씨와 일하고 싶다!' 라고 생각했다. 망설일 시간이 없었다. 나는 그 자리에서 대형 커피회사 담당자에게 전화를 걸었다.

"오픈 10일 전에 이런 말씀을 드려서 죄송합니다. 정말로 죄송합니다만, 커피 매입 계약을 해지하고 싶습니다. 위약금도 지불하겠습니다. 정말로 죄송합니다!"

"네? 오오야마 씨, 갑자기 무슨 일이십니까? 가격은 더 싸게 맞춰 드릴 테니까, 계약 해지만은 말아주세요."

"금액 문제가 아닙니다. 민폐를 끼쳐서 정말 송구합니다. 건방진 소리 같지만, 함께 일하고 싶은 사람을 만나서요."

내 생각이 바뀌지 않으리라는 것을 알아차렸는지, 담당자는 잠시 침묵한 후 말했다.

"···. 오오야마 씨, 알겠습니다. 유감이지만, 원하시는 대로 계약해지 절차를 밟도록 하겠습니다."

"네, 부탁드립니다."

전화는 끊겼다. 그리고 나는, 다시 하가 씨에게 고개를 돌려 "앞으로 오랫동안 잘 부탁드리겠습니다."라고 말했다.

"도쿄에 진출하지 않겠습니까?"

다카페 본점 오픈 당일, 이토 씨와 하가 씨가 오픈 축하를 위해 도쿄에서 오카자키까지 달려와 주었다. 그리고 어쩌다 보니 주방까지 들어와 아직 미숙한 스태프들을 대신해 홍차와 커피를, 온종일 내려주었다.

다카페를 오픈하고 3개월. 하가 씨로부터 전화가 왔다.

"시부야 옆 동네인 나카메구로라고, 젊은이들이 모여드는 동네에 아주 좋은 조건과 입지를 갖춘 물건이 나왔으니, 도쿄에서 후르츠산도 가게를 내보지 않겠나?"

너무나도 갑작스러운 이야기였다.

나카메구로는 모르지만 시부야라는 곳은 알고 있었다. TV에서 보는 스크램블 교차로는 언젠가 꼭 한번 가보고 싶은 장소 중 하나였다. 일본의 중심인 도쿄, 게다가 시부야 인근에서 승부를 걸어 본다? 정말 신나는 일이 될 것 같았다. 그러나 솔직히 무섭기도 했다.

'우리의 후르츠산도가 도쿄에서도 먹힐까?'

'도쿄 사람들의 눈높이에 맞출 수 있을까?'

'시골 촌놈이 도쿄에 가서 생활할 수 있을까?'

나에게 도쿄는, TV 속에만 존재하는 도시였다.

에비스 님의 손길에 이끌려서

우리들의 다카페, 도쿄로!

이 사람과 만나지 않았더라면….

스태프 한 명 한 명을 만나는 과정도 행운이었지만, 특히 나에게 축복처럼 다가온 만남은 도쿄 출점의 계기를 내게 던져 준 하가 다이스케 씨와 만남이었다.

코로나 19로 인한 긴급사태 선언은 사람들의 만남을 기반으로 운영되는 음식점에는 그야말로 치명적인 타격이었다. 2020년 전후 음식점을 새로 열었던 점포의 오너들은 정말 힘겨웠을 것이다.

2020년 여름. 코로나 여파를 이겨내고 어렵사리 나카메구로 테이크아웃점이 궤도에 올라섰을 무렵, 하가 씨로부터 연락이 왔다.

"오오야마 군, 그게 말이야…, 도쿄에 다카페 오픈하는 거 무리일까?"

"네? 이 코로나 상황에 카페를 오픈한다고요?"

하가 씨로부터 소개받은 장소는 나카메구로에서 1킬로미터도 떨어지지 않은, 에비스라는 곳에 새롭게 오픈하는 호텔 1층이었다.

일반적으로 호텔 건설은 물건 취득 이후 인허가와 공사과정을 거쳐 오픈에 이르기까지 5년 정도가 소요된다고 한다. 2020년에 완공되는 건물이니, 그 계산으로 역추정하면 이 호텔은 2015년부터 건설하기 시작한 것이다. 엄청난 예언자가 아니라면, 호텔이 오픈하게 될 5년 후에 코로나 사태 같은 변수가 생길 것이라고 상상조차 못 할 것이다.

코로나가 장기화하면서 호텔 1층에 입점 계약을 했던 대형 프랜차이즈 커피점이 계획을 백지화했고, 프랜차이즈 커피점 회장과 지인이었던 하가 씨가 그 소식을 전해 들은 것이다.

하가 씨는 2019년 9월에 오픈한 다카페의 장래성을 처음부터 매우 높게 평가했다. 그는 같은 해 11월 후쿠오카시에서 새로 오픈하는 호텔 1층에 자신의 카페를 내면서 다이와 후르츠산도를 주력 상품으로 소개하자는 제안도 해주었다.

그렇게 그곳은 우리의 프랜차이즈 1호점이 되었고, 그 전략은 매우 성공적인 결과로 이어졌다. 그 경험 이후 하가 씨는 '다이와라면 반드시 잘 된다'라는 확신 아래 지속적으로 우리를 돕는 은인 역할을 자처했다.

나카메구로, 에비스. 그리고 출점한 오모테산도와 아이치현의 도요카와 이온점. 이렇게 이어지는 우리의 출점 이야기는 모두 하가 씨가 제안해 준 곳들이었다.

하가 씨는 출점과 교섭의 프로였다. 아이치의 오카자키에서 직감과 기세만으로 해왔던 나에게, 가게 출점 노하우나 기업 협상술, 코로나 마케팅 등을 알려준 것도 하가 씨였다. 2022년 여름, 내가 부탁해서 하가 씨를 다이와의 임원으로 영입했다. 하가 씨가 다이와의 후루츠산도를 매입해 주고, 우리는 하가 씨가 볶은 커피를 매입했다. 서로가 윈윈하면서 함께 성장할 수 있는 좋은 관계로 발전한 것이다. 참고로 나는 하가 씨를. 거대한 복을 갖다 준 '다이와의 에비스(낚싯대와 도미를 들고 있는 일본 전통의 칠복신 중 하나로 장사의 축복신이다) 님'이라고 생각하고 있다.

사람 사이의 만남은 참으로 신기하다. 누구와 만나는가에 따라 마치 사다리 타기처럼 운명이 바뀐다. 하가 씨와의 만남이 없었다면, 나는 지금 전혀 다른 길을 걷고 있을 것이다. 도쿄에 올 일도, 도쿄에서 만나 내게 출판의 계기를 열어준 사람들과 만나는 일도 없었을 것이다.

사다리 타기는 여기서부터 더욱 흥미롭게 이어질 것이다. 여기서부터 또 어떤 운명의 사람을 만날지, 설레고 두근거리는 마음이 진정되지 않는다.

일본 제일이 되고 싶으면,
일본 제일의 장소에 가거라

할아버지가 젊을 때 꾸던 꿈

'도쿄란 말이지…, 어떻게 해야 하나?'

전혀 가늠할 수 없는 장소에 매장을 새로 여는 일, 게다가 그곳이 일본 최고의 도시 도쿄라는 사실에 나는 고민이 되었다. 생각이 복잡할 때에는 스승에게 조언을 구하자. 사무실에서 할아버지에게 그 이야기를 하자 당장 말씀하셨다.

"좋은 이야기다! 우리 후르츠산도는 도쿄에서도 통한다. GO GO! 직진하는 거다"

며칠 고민하던 시간이 맥빠질 정도로 할아버지는 흥미를 보였다. 그때 할아버지의 말씀이 지금도 기억에 선명하다.

"고오키, 이 후르츠산도를 일본 제일이 되게 하고 싶지?"

"응. 그 마음은 지금도 전혀 변함이 없어."

"자, 네가 일본 제일이 되고 싶다면, 일본 제일의 도시로 가는 게 가장 빠르다. 도쿄는 인구도 일본 제일. 대단한 사람들의 숫자도 당연히 일본 제일이지."

"할아버지, 도쿄는 멀어."

"익숙해지면 가까워져. 잘 들어라, 할아버지도 도쿄에 가고 싶었단다."

"응? 그게 정말이에요?"

"오카자키에서 장사하는 동안 여러 번 생각했어. 도쿄에서 내가 장사를 하면 얼마나 즐거울까, 그렇지만 나는 그 용기가 없었다. 촌놈이었으니까."

공상의 도시에서 도전의 무대로

할아버지도 도쿄에 가고 싶다고 생각했던 적이 있구나. 그것은 할아버지에게 처음 듣는 이야기였다. 나는 할아버지의 말씀을 조용히 들었다.

"고오키. 인생도 장사도, 누구와 만나느냐에 따라 크게 달라진다. 손자인 너에게 이런 말을 하는 것이 바보 같을지 모르겠다만, 너는 상업적인 면에서 나보다 훨씬 높은 곳에 있어. 그러니 너는 도쿄에 가도 반드시 통할 것이야."

"할아버지…."

"도쿄는, 재능있고 부지런한 사람들이 모여있는 곳이지. 고오키. 거기 가서 그런 사람들을 만나고, 그 사람들 안에 녹아들어 더 성장해서 돌아오거라."

할아버지의 이 말이 없었다면, 나는 도쿄 이야기를 거절했을 것이다. 그렇게 되었더라도, 아마 우리는 그런대로 재미있게 살았을 것이다. 하지만 아마도 이 책을 쓸 일은 없었겠지. 나중에 다시 이야기하겠지만, 도쿄에는 할아버지가 말씀하신 대로, 아니 그 이상으로 엄청난 사람들이 있었다.

'일본 제일이 되고 싶다면, 일본 제일의 장소로 가라.'

할아버지의 말은 심플하지만 진리였다고 생각한다. 이렇게 해서 나에게 도쿄는, TV에서 보는 공상의 도시에서 우리의 실력을 겨루는 도전의 무대로 바뀌었다.

언젠가는 크라운

할아버지의 도전

내가 다이와에 입사하고 얼마 안 되어 할아버지가 자동차 사고를 내서 면허가 취소되었다. 그때까지는 시장 가는 것도 배달도 모두 혼자 해내셨는데, 자동차 면허가 없으니 이동하는 게 불편해진 것이다. 그로부터 1년 정도 지난 어느 날, 할아버지는 면허를 다시 따기 위해 자동차학원에 가겠다고 했다.

"고오키, 이 할애비 다시 한번 면허를 따도 될까?"

"어? 할아버지 운전 못 하시는 거, 신경 안 써도 돼요. 이제 면허 반납해도 되는 나이잖아? 연세도 연세지만, 시장 보는 것도 물건 배달도 내가 전부 할 테니까 걱정 안 해도 돼."

"아니, 그런 문제가 아니라. 이대로 인생을 끝내고 싶지는 않아서…."

"그래? 할아버지 인생이니까 하고 싶으시면 해도 되겠지요."

"아, 그렇지?"

"그런데 할아버지, 지금 면허 따려면 필기시험이 꽤 어렵다던데…."

"하하하! 그거는 제대로 공부를 해야지."

그렇게 말하고, 할아버지는 정말로 자동차학원에 다니기 시작했다. 자동차학원에서 젊은 사람들과 함께 공부하는 것이 할아버지에게는 너무나 즐거운 일인 듯했다.

그러나 필기시험은 정말로 매우 어려워진 모양으로, 첫 번째 도전에 불합격. 할머니로부터는 "적당히 했으니 이제 포기해."라는 잔소리를 계속 들어야만 했다. 그도 그럴 것이 할아버지는 이미 75세였다.

그러나 포기하지 않고 맹렬하게 공부한 할아버지는 가족 모두가 놀랄 결과를 들고 오셨다. 두 번째 시험에서 만점을 받아 합격한 뒤 보란 듯이 면허를 취득하신 것이다.

노력한 보상으로 서프라이즈

나는 면허를 새로 딴 할아버지에게 지금까지의 은혜를 갚는다는 의미를 담아 자동차를 선물하기로 했다. 그것은 할아버지가 오랫동안 타고 싶어 한 '토요타의 크라운'이었다.

"쇼와, 그러니까 우리 시대의 사람들은 '언젠가는 크라운'이라는 말을 입에 달면서 모두 열심히 살았단다."

'하하, 쇼와 시대에는 크라운이었던가. 레이와 시대인 지금이라면 '언젠가는 알파드'라고 해야 할 듯한데….'

어찌 되었든 할아버지는 나이가 많다. 아직 건강하시지만, 언제 무슨 일이 일어날지 모른다. 나는 할아버지 세대의 그 '언젠가'를 '지금'으로 바꾸어 드리고 싶었다.

계약한 크라운 자동차가 출고돼 마트 주차장에 주차하는 모습을 본 할아버지의 놀라는 표정. 차에 올라타시면서 어린아이처럼 기뻐하던 얼굴을 지금도 잊을 수가 없다.

이후로 할아버지는 쉬는 날에도 크라운을 타고 시장에 가서 감자와 우엉, 야채를 뒷좌석에 가득 싣고 돌아왔다. 그 탓에 차의 뒷좌석은 항상 흙투성이가 되어있었다. 그 크라운을 참으로 자랑스럽게 여기시며 "이거, 이 차 말이지. 내 손자가 사 줬어." 라고, 만나는 모든 사람에게 말하는 할아버지가, 내게는 너무도 벅찬 기쁨 그 자체였다.

그리고 할아버지가 면허를 딴 후 반년이 되어갈 무렵, 아무도 상상하지 못했던 일이 일어났다.

날개라도 달렸다면…,

예기치 못한 일

도쿄 진출이 결정된 이후, 나는 도쿄로 출장을 가는 것이 늘 즐거웠다. 2020년 2월 27일. 그날 아침에도 할아버지와 함께 청과물 시장에 다녀온 후, 도쿄에서 잡힌 미팅을 위해 곧바로 집을 나섰다. 신간센을 타고 막 도쿄에 도착하려고 할 때 전화벨이 울렸다. 스마트폰을 보니 엄마였다.

"여보세요, 고오키?"

"엄마, 무슨 일이야?"

"할아버지가 구급차로 병원에 실려가셨대. 자세한 상황은 아직 잘 모르는데, 아침에 함께 시장에 갔었잖니. 평소와 다른 점 없었어?"

"뭐? 할아버지가? 아침에는 이상한 점이 없었는데…."

"그랬구나, 그럼 걱정 안 해도 되려나? 일단 고마워, 또 연락할게."

짧은 통화였지만 이상하게 심장이 떨렸다. 도쿄역에 도착해서 바로 다시 엄마에게 전화를 걸었다.

"엄마, 할아버지 상태는? 나 지금 오카자키로 돌아갈까?"

"아냐. 그렇게까지 하지 않아도 돼. 뭔지 모르지만, 할아버지가 스스로 구급차를 불러서 병원에 가신 거래. 나도 지금 병원으로 가니까, 걱정 안 해도 될 거야."

"그래? 그렇다면 다행인데, 혹시라도 상황이 바뀌면 바로 연락해 주세요."

"일단 내가 병원에 가서 상태를 보고 올게."

"엄마, 나 잠시 후부터 미팅이야. 그래도 전화는 받을 테니까 급한 일 생기면 꼭 연락 줘야 해."

"알았어."

심장 떨림이 바로 수그러들지는 않지만, '스스로 구급차를 불러서 가실 정도라면 괜찮겠지.' 마음을 진정시키며 미팅 장소로 갔다. 마침내 미팅을 무사히 마치고 한숨 돌리려는데 엄마로부터 연락이 왔다.

급변

"여보세요 엄마? 할아버지 어떤 상태야?"

"응. 아마도 괜찮으신 듯해. 망고랑 파인애플 후르츠산도가 먹고 싶으니까 가져와 달라고 하셨어. 지금 마트로 가지러 가는 중이야."

"휴! 다행이야. 엄마, 나 중요한 미팅은 다 끝냈으니까, 아무 때나 연락해도 돼."

"알았어."

전화가 끊겼다. 엄마의 반응으로 봐서 걱정하지 않아도 될 것 같았다. 그러나 안심도 잠시, 한 시간 후 엄마로부터 다시 전화가 왔다.

"여보세요, 고오키…."

엄마의 목소리 톤이 아까와는 전혀 달랐다. 동요하는 기색이 선명하게 전해졌다.

"엄마, 왜 그래? 무슨 일이야!"

"그게…."

전화 저편에서 울고 있는 것인지, 엄마가 목이 멘 상태로 이야기를 이어갔다.

"할아버지 상태가 갑자기 안 좋아졌어. 병원 선생님 말씀이 오늘 밤이 고비래."

"아니, 그게 무슨 소리야…."

"나도 몰라. 어쩌지?"

"엄마, 알았으니까 침착해. 일단 할아버지 옆에 꼭 붙어있어. 내가 바로 오카자키로 돌아갈 테니까!"

나는 미팅에 동석해 준 하가 씨에게 인사를 하고 곧장 택시를 잡아 도쿄역으로 향했다. 가장 빠른 신간센 표를 사서 귀가를 서둘렀다.

'제발! 부탁이니까 빨리 오카자키에 도착해 줘. 할아버지, 제발 무사해 줘.'

고속으로 하늘을 나는 날개가 있었으면 하는 심정이었다. 마음속으로 간절하게 할아버지가 무사하시기를 빌었다. 초조한 마음을 억누르며 필사적으로 기도했다. 도쿄까지의 거리는 생각보다 매우 가깝다고 느끼며 다녔는데, 신간센 기차에 앉아 조바심치는 그 몇 시간이 여느 때와는 너무나 다르게 길고도 멀게만 느껴졌다.

어쩌면 못 만날지도 모른다. 오늘 아침까지 건강하셨는데. 이제 겨우 도쿄로 할아버지의 다이와를 데려갈 수 있게 되었는데. 불안을 잠재우기 위해 노트를 꺼내 할아버지와 얽힌 추억, 할아버지가 알려주신 것들을 적어 내려갔다.

4장　　　나의 히어로가

알려준 것들

"고오키, 과일에 제철이 있듯이

일에도 제철이 있단다.

해야 할 일을 정해진 시간보다 빠르고

정확하게 해내는 태도는

제철 과일을 가장 맛있을 때 먹는 것과 같은 이치야."

모든 일에는
제철이 있단다

작은 실수가 쌓여 큰 실수가 된다

시간이 너무나 더디게 흐르는 신간센 안에서, 할아버지에게 배운 것들을 기억 속에서 꺼냈다. '만약 할아버지를 만나지 못한다면….' 그 불안이 내 기억 속에 잠겨있던 많은 것들을 일깨워주고 있었다.

다이와에 입사하고 얼마 안 되었을 무렵. 할아버지와 오카자키 시장에 가기 위해 매일 새벽 5시, 마트에서 만나기로 했다. 아침이 힘들었던 나는 매일 몇 분씩 지각을 반복했다.

그 지각으로 지금은 알게 된 것이 있다. 큰 실수는 작은 실수들이 반복되면서 일어나게 된다는 것.

어느 날, 사건이 일어났다. 자잘한 지각을 반복하면서도 일찍 일어나는 것에 겨우 익숙해졌다고 느끼기 시작할 무렵이었다. 완전히 늦잠을 자버려서, 일어나 시계를 보니 8시. 밖은 환하게

"고오키, 잘 하고 있다."
실수했을 때에는 호탕하게 웃어주고
갈 길을 몰라 헤맬 때는 나지막하게 방향을 알려주시는
할아버지가 곁에 있어서 나는 두려울 게 없었다.
그 할아버지가 지금 많이 아프시다고 한다.

밝아져 있었다. 알람을 무의식적으로 꺼버린 것이다. 서둘러 마트로 달려갔다.

"할아버지, 죄송합니다!"

가게에 도착하자마자 사과를 드리니, 할아버지가 말했다.

"고오키, 잘 잤니? 덕분에 오늘 몸을 많이 움직였더니, 따끈따끈해졌다. 고맙다."

내가 어처구니없는 실수를 했을 때에도, 할아버지는 변함없이 미소를 보여주셨다. 입사하고 1개월째. 약속 시간을 지킨 날이 솔직히 더 적었다. 그런 어리광쟁이 나를 혼내시지도 않고 매일 따뜻하게 대해 주셨던 할아버지. 죄송스러운 마음에 심장이 터질 것 같았다. 그리고, 이날을 기점으로 내가 지각하는 일은 없었다.

"고오키, 일에도 제철이 있단다."

그처럼 따뜻한 할아버지에게 단 한 번 주의를 받은 적이 있었다. 할아버지에게 부탁받은 일을 아예 잊고 방치한 것이다.

"고오키, 지난번에 부탁한 상품 확인 어떻게 된 거지?"

"아, 할아버지, 미안해. 깜빡 잊고 있었어요…."

"고오키, 여기 와서 안거라."

흔치 않은 할아버지의 무서운 표정을 보았다.

"고오키, 잘 들어라. 먹는 것에도 때가 있고, 일에도 때가 있는 법이야. 지금 해야만 하는 일을 그대로 방치하면 점점 썩어

버린다. 맡겨진 일, 부탁받은 일의 타이밍이라는 것은, 그 일의
제철인 셈이야. 알겠니?"

"네. 알겠습니다."

"5일 이내에 해두라고 부탁받은 일을 5일 이내에 하면 큰 문
제는 없지. 다만 하루라도 빨리 끝내는 게 가능하다면, 그것은
상대의 기대를 뛰어넘는 태도이거니와 제철 과일을 가장 맛있
을 때 먹는 이치와 같은 거야. 청과물 장사를 하는 사람은 제철
을 가장 소중하게 생각해야 한다."

"할아버지, 정말 죄송해요. 앞으로 주의하겠습니다."

그 이후부터 처리해야 할 일이 생길 때는 곧바로 행동하는 습
관을 들이려고 부단히 노력하게 되었다.

발로 팔아야 한다는
사실을 잊지 마라

남아버린 800개의 후르츠산도

후르츠산도 구매 행렬이 이어지던 2018년 어느 날, 어제까지 줄을 서던 고객이 갑자기 사라진 일이 있었다. 언제든 가게 앞에 있어야 할 행렬이 뚝 끊긴 것이다.

'아, 후르츠산도 시대가 드디어 끝나 버렸구나.'

800개의 후르츠산도가 색색이 진열된 쇼케이스 앞에서 나는 아연실색한 표정으로 서 있었다. 그러나 결과적으로 그것은 기우였다.

나중에 알게 된 사실인데, 그날은 2018년 12월 24일 크리스마스이브였다. 크리스마스이브에는 누가 뭐래도 케이크가 주인공이다. 그러니 그날 후르츠산도를 먹으러 오는 손님이 없는 건 당연했다. 그런 것도 모르고, 가게 앞에 멍하니 서 있는 나를 발견한 할아버지가 나에게 말을 걸어왔다.

"고오키, 무슨 일이냐?"

"…. 할아버지, 손님들이 사라졌어. 남은 후르츠산도 어떻게 하지?"

침울해하는 나에게 할아버지는 가볍게 던지듯 물었다.

"몇 개 만들었냐?"

"800개…."

"아하하하! 다시 들으니 엄청난 숫자네. 응, 대단해. 대단해."

현실의 심각함을 가볍게 날려버리는 할아버지에게 나는 조금 화가 났다. 그런 나를 신경도 쓰지 않고 할아버지는 말했다.

"팔러 나가면 되지 않겠냐? 와 주지 않으면 우리가 가면 되지. 전부 팔리지 않으면 스태프들에게 나눠주면 된다. 아주 좋아할걸?"

"할아버지, 그렇게 쉽게 말하지 말아요."

"행상을 하던 때, 나는 매일 팔러 나갔었단다."

아, 맞다. 할아버지는 리어카로 매일 상품을 팔러 나갔었구나. 그 사실을 깜빡 잊고 있었다. 게다가 지금은 차가 있다. 그렇게 생각하니, 리어카로 싣고 다니는 것보다 몇 배나 편한 일이었다. 나보다 훨씬 가혹한 일을 해냈던 경험자의 말씀 앞에서 한없이 부끄러워졌다.

와 주지 않으면 내가 팔러 나가면 되는 것

일단 해보자. 나는 800개 후르츠산도를 냉장차에 싣고 SNS로 라이브 발송을 시작했다. 지금은 실시간으로 상황을 알리는 것이 가능하다. 그렇게 생각하니 정말 고마운 시대를 살고 있구나 싶었다. 리어카로 상품을 팔러 다니던 시절에는, 이런 일은 절대로 불가능했다.

'여기서 기다릴게요. 팔러 와주세요!'

하나둘 도착하는 손님들의 따뜻한 댓글을 차에 앉아 확인하면서 나는 시대의 진화를 실감했다. 그리고 무엇보다 아무것도 없었던 시절부터 지금의 다이와 토대를 만들어 준 할아버지에게 새삼 더 큰 고마움을 느꼈다.

"안녕하십니까, 여러분! 오늘은 크리스마스이브입니다. 가족끼리 식사하는 분들이 많으실 줄로 압니다. 그리고 트렌드는 크리스마스 케이크가 아니라, 크리스마스 후르츠산도가 아닐까요? 800개 후르츠산도를 한정 판매하고 있습니다!"

당연한 일이지만, 그날 손님들은 크리스마스 케이크를 이미 샀을 것이다. 800개라는 양은 생각만큼 빨리 줄어들지 않았다. 밤이 되자 나는 산타 복장을 하고 라이브 방송을 이어갔다. 그런 나를 애처롭게 생각했는지 손님이 한 명 두 명 늘어갔다.

'케이크는 샀지만, 사장님이 나와서 열심히 하는 모습을 보니 응원해 주고 싶었어요.'

저녁 5시부터 팔기 시작한 장사가 5시간이 지나고 이제 그만 포기하자고 마음먹을 무렵이었다. 아마도 집에서 크리스마스 파티를 마친 사람들이 야식 대신 후르츠산도를 찾기 시작한 것이라고 짐작된다. 이 시간대부터 SNS를 통한 고객의 코멘트가 부쩍 늘기 시작했다.

'후르츠산도 사고 싶어요.'

'오늘도 후르츠산도 살 수 있어요? 크리스마스에는 못 살 거라고 생각했어요.'

나는 구매 의사를 밝힌 손님들이 있는 곳으로 차를 달려, 뛰어다니며 판매했다. 그리고 그 모습을 SNS에서 라이브로 발신하며 실황중계를 계속했다.

"아무리 먼 장소라도 연락주세요. 오늘은 크리스마스니까 제가 가겠습니다!"

감사하게도 아침까지 내가 도착하기만을 기다려준 고객이 생기며, 800개 후르츠산도는 완판되었다.

'손님이 계신 곳으로 내가 갈게요.'

처음부터 포기하지 말고, 지금 당장 내가 할 수 있는 것을 열심히 해 본다. 그러면 반드시 협력자는 나타나게 돼있다.

"나는 매일 팔러 나갔었단다."

아무렇지 않은 듯 던진 할아버지의 한 마디 덕분에, 나는 상인으로서 매우 귀중한 체험을 할 수 있었다.

스태프들은 리더의
뒷모습을 보고 배운다

실수했을 때의 대응과 태도가 고객과의 관계를 좌우한다

'먹는 것도, 일도 제철일 때.'

할아버지의 이 가르침은 여러 면에서 나를 구원해준 메시지가 되었다.

다카페 본점을 오픈하고 1개월 정도 지난 어느 날 밤 10시. 마감 정리를 끝낸 후 사무실에서 료스케와 미팅을 하고 있을 때의 일이다. 나의 SNS DM으로 한 통의 메시지가 도착했다. 그날, 다카페에 다녀간 손님이 보낸 클레임이었다. 그 고객은 그날 처음 다카페에 왔다고 했다. 큰 기대를 하고 왔지만, 잔돈 500엔을 받지 못했다는 내용이었다. 메시지를 보낸 사람은 다카페에서 차로 한 시간 반가량 떨어진 장소에 살고 있었다.

나는 곧바로 매출을 확인했다. 그랬더니 그 손님 말대로 계산대에 있는 현금 중 500엔이 남았다.

나는 서둘러 손님에게 연락했다.

"손님, 불미스러운 경험을 하시게 만들어 정말 죄송합니다. 지금 당장 500엔을 돌려드려야 하는데, 실례지만 제가 찾아갈 주소를 알려주실 수 있을까요."

"밤도 늦었고, 뭐 괜찮아요! 다만 기대에 미치지 못하고 실망스러웠다는 점을 사장님에게 전달하고 싶었던 것뿐이에요."

"정말로 죄송합니다! 500엔은 댁 우체통에 넣어두고 오겠습니다. 그러니까 주소를 부탁드립니다."

나는 료스케에게 사무실 문단속을 부탁하고, 회사를 나가려 했다. 그러자 료스케가 말했다.

"사장님, 저도 따라가게 해주세요!"

료스케는 나와 고객이 주고받는 통화를 다 듣고 있었으므로 '저도 함께 가고 싶어요'라고 말한 것이다.

"료스케, 지금 출발하면 고객 집에 도착하는 시간은 12시가 넘어. 그리고 오카자키로 다시 돌아오면 아마 2시도 넘을 거야. 게다가 내일 새벽 5시에는 시장에 가야 하잖아. 잘 시간이 없어진다고."

"못 자는 건 사장님도 마찬가지 아닙니까? 이 밤중에 사장님 혼자 보내는 것은 안 됩니다. 저도 함께 가겠습니다."

"료스케, 고마워."

우리 둘은 서둘러 차를 달렸다.

진심은 반드시 전해진다

고객의 집에 도착한 후 현관문 우편물 투입구에 500엔과 메모를 넣고 조용히 돌아서려 했다. 그런데 고객은 그 시간까지 깨어 있었다. 아마도 우리를 기다린 것 같았다. 그가 현관문을 열고 나오더니 편의점 봉투 가득 음료와 과자를 담아서 건네는 것이 아닌가. 한눈에 봐도 500엔어치는 훌쩍 넘는 양이었다. 그 마음이 너무 고마워서 울컥, 눈물이 나오려 했다.

"사장님, 이렇게까지 하실 거라고는 정말 생각도 못 했어요. 결례되는 문자를 보내서, 송구하게 생각합니다."

"아닙니다. 애초에 저희 불찰인걸요. 불쾌한 마음이 들게 해서, 정말 죄송합니다."

이후부터 그 고객은 일주일에 한 번은 반드시 우리 가게에 와줄 정도로 단골이 되었다. 그리고 지금은 그때의 일을 웃으며 이야기하는 친구 사이로 발전했다.

진심을 담아 바로 행동을 하면, 그 마음은 반드시 전해진다. 그것을 실감할 수 있는 경험이었다.

스피드야말로 실력

모든 과정을 지켜본 료스케는 내가 없는 곳에서 다른 스태프들에게 내가 한 행동을 전해주고 있었다. 그로부터 2주일이 지나고, 또다시 유사한 일이 일어났다. 그 고객은 1,000엔 거스름돈을 덜 받았다.

우연히 그 연락을 받은 타이시는 자신의 판단으로 고객과 연락을 취하고, 한밤중에 혼자 고객 집까지 찾아가 부족했던 잔돈을 돌려주고 왔다고 한다.

다음날, 나는 고객에게서 메시지를 받고 그 일을 알게 되었다.

'사장님, 어제 잔돈을 덜 받아서 스태프에게 연락했습니다. 그랬더니, 타이시 씨가 한밤중에 집까지 찾아와 갖다 주었습니다. 그의 행동과 열심히 하는 자세에 정말 감동했습니다.'

내가 한 행동을 들은 스태프가, 자기 스스로 판단해 행동을 취해준 것이 정말 기뻤다. 스태프의 성장을 직접 눈으로 보게 되었을 때, 나는 커다란 보상을 받은 듯했다.

'먹는 것도 일도 제철이 있다.'

이러한 사건을 겪으면서 할아버지의 가르침에 더해 또 한 가지 스태프에게 전하고 싶은 것이 있었다.

그것은 '속도야말로 실력'이라는 말이다.

일을 하다 보면 여러 사건과 사고가 일어난다. 그 대응을 미루다 보면 점점 해야 할 일이 쌓이고, 결국은 업무에 지장을 초래한다. 사건이 일어나면 그 즉시 전력을 다해 임해야 한다.

이 역시 일을 하는 데 있어 가장 중요한 덕목이라는 걸, 나는 경험을 통해 체득했다.

스스로 좋아해야
즐거워진다

즐기는 사람 옆에 사람이 모인다

내가 어릴 적부터 할아버지에게 자주 들었던 말이 있다. 그것은 '즐겁게 장사를 해야 한다'는 것이다.

그 말대로, 할아버지는 늘 즐거워 보였다. 매일같이 스태프들을 향해 "즐겁게 장사합시다."라고 외치곤 했다. 아침에 시장에 갈 때, 매장에서 지나칠 때, 업무가 끝났을 때, 할아버지는 항상 같은 말을 반복했다.

그러나 사람이라는 동물은 익숙해지면 둔해지기 마련이다. 특히 나처럼 어린 사람들은 그렇게 되기가 더 쉽다. 처음 하는 일이나 새로 배워야 하는 것이 많을 때는 즐겁게 일할 수 있지만, 익숙해지고 나면 일 자체가 당연해지면서 어느새 즐거운 마음이 시들해진다.

그때의 나도 딱 일이 즐겁지 않을 무렵이었다. 어느 날 나는 할아버지에게 물었다.

"할아버지, 매일 매일 '즐겁게 장사합시다'라고 말은 하지만, 어떻게 하면 즐겁게 일을 할 수가 있지? 나는 일은 기본적으로 힘든 것이라고 생각하는데…"

"하하하! 고오키는 지금 하는 일이 힘들고 즐겁지 않구나!"

"신기하잖아. 할아버지는 수십 년간 같은 일을 반복하고 있는데, 매일 즐거워 보인단 말이지."

"고오키, 즐겁게 일하기 위해서는 말이야, 우선 내게 맡겨진 일을 좋아하려고 노력하는 거야."

"일을 좋아하려고 노력하다니? 아무리 노력해도 좋아할 수 없는 일이 있지 않을까?"

"고오키, 일을 좋아하지 못하는 이유는 잡념이 많아서야. 단순하게 말하자면, 한가하다는 뜻이지. 이것저것 쓸데없는 것을 생각할 여유가 있다면, 눈앞에 있는 일을 더 열심히 해보렴. 그리고 말이지, 누군가에게 부탁받은 것을 상대가 기대하는 것 이상으로 해내서 보여주려 노력해 봐. 그러다 보면 자연히 일이 즐거워지지. 열심히 하지 않으니까, 즐겁지 않은 거란다."

나는 아무 말도 못 했다. 솔직히 할아버지의 말이 다 맞는 소리였다. 경영자로서 5년. 아직 미숙하지만 나름대로 확신하는 것이 있다.

그것은 바로 사람들은 즐거운 장소에 모인다는 사실이다. 그리고 그 즐거움은 항상 자신을 기점으로 뻗어나간다는 것.

어떻게 하면 즐거워질까? 이 생각을 습관화하며 노력하지 않는 한, 주변도 나도 결코 즐거워지지 않는다. 할아버지가 말뿐 아니라 태도로 직접 알려주신 이 가르침을 나는 경영 속에서 실천하며 확장해 나가고 있다.

자기 기분은 스스로 달랜다

"고오키, 즐겁게 일하기 위해서는 다른 사람들이 볼 때 즐거워 보이는 것도 매우 중요하단다. 즐거워 보이지 않는 사람은 다른 사람이 응원을 해주기도 어렵거든. 고오키는 어떤 사람을 보면 응원하고 싶다는 생각이 들지?"

"열심히 하는 사람?"

"그래, 그렇지. 고시엔을 목표로 밤이고 낮이고 연습하는 고

고시엔甲子園

고시엔이란 본래 일본 효고현 니시노미야시에 있는 프로야구팀 한신 타이거스의 홈구장 이름이지만 흔히 매년 여름 이곳에서 열리는 일본의 전국 고등학교 야구선수권 대회를 통칭한다. 전국 4,000개에 달하는 고교야구 팀 중 도도부현 별 지역 예선에서 우승한 49개 팀이 고시엔 구장에 모여 실력을 겨루는, 그야말로 일본 청소년 야구선수들의 꿈의 무대이다. 지역 예선과 본선 모두 토너먼트로 치러지기 때문에 이 대회에서 우승하기는 매우 어렵고, 그만큼 우승자에게 주어지는 영예도 크다. 1915년 첫 대회를 시작한 이후 2차 세계대전 기간인 1941년부터 1945년, 코로나가 창궐하던 2020년을 제외하고 매년 대회가 열렸다. 대중적인 인기도 매우 높아서 NHK에서 중계하는 이 대회 결승전 시청률은 일본 프로야구 재팬시리즈보다 높은 20%에 이른다.

등학교 야구선수들을 떠올려 봐. 그 아이들이야말로 정말로 응원해 주고 싶은 전형이라고 할 수 있지. TV 화면으로 전해지는 열심히 하는 모습, 그 모습에 사람들은 감동하고 응원해 주고 싶어지는 것이다. 고오키도 고시엔을 목표로 하는 야구소년들처럼 일해보면 좋을 것 같구나. 아하하하하."

　할아버지의 밝은 모습에서 나는 언제나 구원을 받는다. 고등학교 야구소년들처럼 열심히, 오로지 야구만을 생각하며 달리는 순수함.

　그것은 당시 나에게 가장 부족한 덕목이었다.

　"그리고 즐겁게 살기 위해서는 말이다, 자신의 기분 정도는 스스로 풀 수 있어야지. 그것이 주변에 있는 모든 사람을 위해서도, 너 자신을 위해서도 필요하다. 항상 기분 좋은 상태로 있어라. 그렇게 하면 매일 매일이 즐거워진다."

　"그래도, 웃지 못할 때도 있잖아."

　"그것은 네가 순서를 착각하고 있어서다. 즐거운 일이 있어서 웃는 것이 아니란다. 웃는 얼굴로 있으니까 즐거워지는 것이야. 프로 장사꾼이란, 즐겁게 웃으면서 다시 웃을 수 있는 일을 만들어가는 사람이지."

　즐거우니까 웃는 것이 아니라, 웃으니까 즐거워진다. 그것도 좋은 방법인 것 같았다.

어릴 때 맞벌이하는 부모님을 대신해서 나를 지켜주셨던 까닭일까. 할아버지는 오래전부터 이런 이야기를 나에게 자주 들려주셨다. 그런저런 일들을 생각하고 있으려니, 내가 얼마나 많이 할아버지의 도움을 받고, 얼마나 절대적인 영향을 받아 왔는지 새삼 절절하게 느껴졌다. 할아버지는 틀림없이 나에게 히어로였다.

할아버지와 얽힌 수많은 추억을 떠올리며 뭐라고 형언할 수 없는 감정에 휩싸일 무렵, 다음 도착 역이 오카자키라는 안내방송이 들려왔다.

힘내라 고오키!

"할아버지, 약속할게요."

열차 안에서 길고 긴 시간을 보내고 오카자키에 도착한 나는 곧바로 할아버지가 계신 병원으로 갔다. 병원은 내가 좋아하는 곳이 아니었다. 어릴 때부터 건강했던 터라 병원과 인연은 거의 없었다. 따라서 당연히, 익숙하지 않은 병원 분위기가 너무 불편했다.

오늘은 평소보다 더 병원이 무섭고 싫었다. 이러면 안 된다. 어떤 일이 일어나도 정신을 똑바로 차려야 한다. 야간 통행 입구에서 심호흡하며 마음을 다졌다. 하지만 그 다짐은 한순간 무너져내렸다.

병실에 들어가서 할아버지를 본 나는 할 말을 잃어버렸다. 아침에 언제나처럼 함께 시장에 갔던 할아버지가, 숨이 거칠어져서 인공호흡기를 단 낯선 모습으로 누워계셨다. 나는 할아버지 옆으로 다가갔다. 이미 의식은 거의 없는 상태였다.

"할아버지, 내 말 들려요? 고오키예요. 도쿄에서 지금 돌아왔어요."

할아버지는 '안다'라고 말하는 듯 눈을 가늘게 움직이셨다. 당장이라도 꺼질 것 같은 의식 속에서, 할아버지는 나에게 무언가 전하고 싶었는지 간신히 입을 움직이셨다.

나는 할아버지의 입 가까이 얼굴을 가져가서 귀를 기울였다. 더듬더듬, 할아버지는 나에게 이렇게 말했다.

"고오키, 우리 후르츠산도는 많은 사람들에게 전해져야 한다. 반드시 행복한 사람들이 늘어날 것이다."

"…응."

"고오키…."

"네."

"베푸는 사람이 되거라…. 그것이…, 네가 행복해질 수 있는 가장 빠른 길이다."

희미하게 더듬더듬 끊기는 할아버지의 말을, 나는 집중해서, 눈물을 참으며 들었다.

"할아버지, 알았어. 약속할게요!"

나의 말을 들은 할아버지는 안심한 듯 가늘게 웃었다. 오늘 아침까지 건강하던 할아버지의 생명이 지금 내 눈앞에서 꺼지려 하고 있었다. 그 순간 신간센 안에서 떠올렸던 추억뿐만 아니라, 어릴 때부터 할아버지와 함께한 많은 시간이 주마등처럼 머릿속을 스쳐 지나갔다.

할아버지의 마지막 메시지

"고오키, 달려라!"

중학교 특별활동인 마라톤대회에서, 길가에 선 채 할머니와 함께 누구보다도 큰 소리로 응원해 주셨던 일.

"고오키, 장사는 즐겁단다."

어릴 적, 나를 작은 트럭에 싣고 시장에 데려가며 말씀해주셨던 일.

"고오키, 안녕. 잘 잤는가?"

입사한 지 얼마 안 됐을 때 지각한 나에게, 웃으며 그렇게 말해주신 일.

"이 후르츠산도는 정말 맛있구나. 이 상품은 할아버지의 자랑이다."

막 만들어진 후르츠산도를 맛보고, 진심으로 기뻐해 주신 일.

"고오키, 일본 제일의 도시에 가서, 큰 사람이 되어서 돌아오거라."

도쿄 행을 고민할 때, 내 등을 힘차게 밀어주셨던 일.

할아버지와 쌓은 수많은 추억이 강물처럼 넘쳐 흘렀다.

"할아버지."

할아버지는 내 부름에 손을 꽉 쥐는 것으로 대답했다.

"할아버지!"

꼭 쥔 손의 힘이 점점 약해져 갔다.

"할아버지!!!"

울지 마. 정신 차려. 침착하게.

마음속으로 이렇게 되뇌며, 어떻게 해서든 참으려고 했던 감정이 한순간 폭발했다. 정신을 차리니 이미 나는 큰 소리로 할아버지를 부르고 있었다.

침대 옆에서는 할머니가 할아버지의 손을 잡고 있었다. 그 옆에는 엄마와 소스케가 할아버지를 향해 소리 내 울고 있었다. 셋 다 눈물범벅이 되어 울고 있었다.

"…, 힘내라."

아마도 그것이 할아버지가 낼 수 있는 최후의 힘이었을 것이다. 이제는 이름을 부를 힘도 없었겠지만, 그것이 나와 소스케에게 보내는 할아버지의 마지막 메시지였다는 것만큼은 절절하게 전해졌다. 거칠어진 호흡 안에서 내뱉은 그 말을 마지막으로, 할아버지는 조용해졌다.

그로부터 한 시간 후인 2020년 2월 28일 오전 1시.

'힘내라.'

이 말을 남기고 나의 히어로는 떠났다.

5장

그리고,
일본 제일의 도시로

좋은 일과 나쁜 일은 매일매일 반복되었다.
롤러코스터처럼 버텨내는 일상 속에서
우리는 도쿄 사람들에게 후르츠산도라는
존재를 점점 더 널리 알리고 있었다.

폭풍 속에서 판매 개시

코로나 19 바이러스, 긴급사태 선언

할아버지의 장례식이 끝났다. 시장 관계자들, 마트의 거래처 사람들, 모든 스태프, 그리고 친척들. 할아버지는 6남매 중 장남이고 할머니는 8남매 중 장녀였기 때문에, 친척들만으로도 조문객은 넘쳐났다.

게다가 이때는 곧 몰아 닥쳐올 '폭풍'의 전야였다. 장례식을 치르는 내내 얼마나 많은 이들이 할아버지의 마지막을 배웅했는지 모른다. 그로부터 채 며칠이 지나지 않아 사람이 모이지 못하는 시기가 닥친 것을 생각하면, 이토록 많은 이들의 애도를 받으며 할아버지가 떠나신 것이 얼마나 다행이었는지….

이렇게 많은 조문객이 모인 것도 다, 생전 할아버지가 쌓아온 인덕의 결과였다.

장례식을 치르는 내내 나는 평상심을 잃지 않으려 안간힘을 썼다. 하지만 장례 절차를 마치자마자 가슴 속에 큰 구멍이 뚫린 듯 허탈한 마음이 몰려와 몸도 마음도 고통스러웠다. 할아버지는 장사의 스승이자 내 인생의 큰 선배였다. 불안한 내 삶에서 최고의 응원단장을 맡아준 사람이었다. 그런 할아버지와 이별이 이렇듯 황망하게 찾아올 거라고는 상상조차 못 했다.

그러나 언제까지나 울고 있을 수만은 없는 상황이었다. 당장 장례식 다음 날부터 거래처의 전화가 계속해서 울려댔다. 도쿄 출점 준비도 코앞으로 다가왔다. 2020년 3월 초순, 세상은 '신종 코로나바이러스' 관련 뉴스로 도배되고 있었다. TV나 신문, 인터넷에서는 매일매일 코로나 19에 신규 감염된 사람과 사망자 숫자를 보도했다. 전 세계가 눈에 보이지 않는 적의 위협에 떨고 있었다. 그리고 드디어 2020년 3월 13일, '신종 코로나 바이러스 특별조치법'이 선포되었다.

정답을 모르겠다!

나는 망설였다.

물론 계약 당시에는 코로나 사태를 예측할 수 없었다. 하지만 세간의 분위기는 그 사이에 급변했다. 게다가 할아버지가 돌아가시고 얼마 안 된 시기였다.

이 타이밍에 도쿄 진출을 하는 것이 맞는 일일까?

게다가 비즈니스 계약상, 갑자기 해약하면 위약금이 발생할 수밖에 없었다. 그 후 1년쯤 지나서 코로나 지원금 제도가 정비

되었지만, 이 시점에는 그런 보증도 전혀 없었다.

왜 하필 이럴 때….

할아버지의 죽음과 코로나 긴급사태 선언.

나쁜 일은 어깨동무를 하고 찾아온다는 말을 들은 적이 있지만, 그야말로 모든 요인이 어깨동무를 한 채 나쁜 방향을 가리키는 형국이었다.

'슬퍼서 엉엉 울고 있는데 벌에 쏘인' 상황이었다. 이걸 어째야 좋을까. 나 혼자 원망의 눈길로 하늘을 올려다보며 한숨만 쉬는 시간이 늘어갔다.

어제의 아군이 오늘의 적

그 무렵 우리는 도쿄 출점을 위해, 2개월 전부터 SNS를 통한 홍보에 힘을 쏟고 있었다. 빙수 행렬도, 후르츠산도 확산도, 지금까지 SNS는 우리의 아군이었다. 그러나 이번에는 SNS의 무서움을 몸서리치게 깨달았다.

SNS로 도쿄 진출 기사를 올릴 때마다 DM과 댓글로 우리를 비난하는 의견이 쇄도했다. 이전까지 든든한 아군이었던 SNS가 돌변해 거대한 적이 되어 버린 것이다.

그런 상황이 우리의 도쿄 진출을 한층 더 불안하게 했다. 미지의 바이러스 공포에 온 세상이 잠식당한 상황에서 무엇이 정답인지 가늠할 수가 없었다.

아마도 나처럼 음식점을 하는 사람, 식음료 사업을 하는 사람들은 모두 같은 마음이었을 것이다. 그때 내가 매달린 유일한 소망은 '지금까지 나를 응원해 준 사람들, 후르츠산도를 기다려 준 사람들을 조금이라도 안도케 하고 싶다'는 마음뿐이었다.

오카자키에서 자동차를 타고 도쿄로 가던 도중, 시즈오카현 휴게소에서 라이브 방송을 했다.

"안녕하십니까! 신종 코로나 바이러스가 확산하고 있지만, 저는 건강합니다. 대중교통은 사람들과 접촉이 많은 터라, 요즘 저는 자동차로 오카자키와 도쿄를 오가고 있습니다. 감염 리스크를 고려해서 행동하고 있으니, 앞으로도 많은 응원과 격려 부탁드립니다!"

그러자 라이브 방송 중인데도 비난 댓글이 폭주했다.

'긴급사태 선언 중에 설마 오픈하는 것은 아니겠지?'

'이럴 때 자숙하지 않는다니, 믿을 수가 없네.'

'사장이 젊으니, 생각이 짧아.'

할아버지의 장례식을 치른 후, 긴장 속에서도 열심히 해왔다. 모두에게 걱정 끼치지 않으려고 매일 억지로 힘을 내서 일하고 있었다.

그러나 내 심신은 이미 한계에 다다르고 있었다. 보통 때라면 가볍게 흘러버릴 말들이 비수가 되어 꽂혔다. 이런 비난에 견디기 힘들어진 나는 라이브 방송 중에 그만 울어버렸다. 모두 앞에서, 감정을 통제하지 못하고 울어버린 것이다.

엄마와 스태프들도 도쿄 출점을 반대했다.

"출점 시기를 늦춰 조금 기다리는 것이 좋겠다."

"지금은 타이밍이 영 좋지 않은 듯해요."

그러나 도쿄의 점포 계약절차는 이미 끝났고, 임대료도 발생하기 시작했다.

정답을 보여준 할아버지의 한평생

만약 할아버지가 살아 계셨다면, 이럴 때 뭐라고 말씀하셨을까? 나는 본가의 할아버지 불단 앞에 앉아 합장했다.

"할아버지, 나는 어떻게 하면 좋을까? 할아버지라면 이럴 때 어떻게 했을 거 같아요?"

눈을 감으니, 할아버지의 미소 띤 얼굴이 떠올랐다.

"고오키, 괜찮아! 네 마음 가는 대로 하고 와라!"

할아버지라면 분명 그렇게 웃으며 내 등을 힘차게 밀어주셨을 것이다. 할아버지는 무슨 일이 있어도 가게를 닫지 않는 사람이었다. 가족과 친척에게 갑작스런 변고가 생기거나 다른 대소사가 있더라도 가게를 닫는 일은 없었다.

"다이와가 열려있지 않으면, 손님들이 곤란할 거 아니냐."

입버릇처럼 말하며 할아버지는 다이와를 지키셨다. 그게 장사하는 사람의 기본자세라고 할아버지는 나에게 삶으로 가르쳐 주었다. 절대로 약한 소리를 내뱉지 않고, 꼿꼿한 자세를 관철하며 자신의 목숨이 다하는 날까지 현역으로 달려온 사람이었다.

할아버지였다면 어떻게 했을까?

'할아버지라면 뭐라고 말해줄까?'를 상상하던 내가 '할아버지라면 어느 길을 선택할까?'라는 방향으로 생각을 바꾸니 정답은 의외로 쉽게 나왔다.

예정대로 오픈한다. 그것이 어떤 결과를 불러올지라도.

그렇게 결단한 데에는 또 하나의 이유가 있었다.

보통 음식점은 정해진 장소에서 함께 식사를 한다. 그러나 운 좋게도 후르츠산도는 테이크아웃이 가능한 식품이다. 바로 그 점이 오픈을 추진할 수 있는 큰 동력이라고 봤다.

어떻게 하면 스태프와 고객들이 함께 안전한 상태로 장사할 수 있을까를 고민했다. 이를 위해 가능한 모든 체제를 갖추고 싶었다.

그렇게 할아버지의 죽음으로부터 약 1개월이 지난 2020년 3월 30일.

메구로 강가에 벚꽃이 필 무렵, 우리의 꿈과 희망과 불안을 실은 도쿄 진출 제1호점, 후르츠산도 첫 테이크아웃점인 '다이와 나카메구로점'이 출발했다.

유동인구가 없는
조용한 거리에서

한탄만 하고 있어서는 길이 열리지 않는다

'후르츠산도를 도쿄 사람들도 맛보게 해주자.'

이런 우리의 마음과는 달리 손님이 한 명도 오지 않는 날이 계속되었다.

'할아버지, 도쿄 진출은 우리에게 너무 일렀나 봐.'

약한 모습을 보여도 껄껄 웃으며 나의 등을 밀어주던 할아버지는 이제 안 계신다. 도쿄 출점을 위해 가장 열심히 일했던 동생 소스케와도 다툼이 잦아졌다.

"형, 오늘도 후르츠산도 많이 남았어. 이거 어떻게 하는 게 좋겠어?"

"어떻게 하다니, 팔아야지."

"팔고 싶어도 손님이 오지 않으니까 문제지. 밖에 걸어 다니는 사람도 없단 말이야. 이런 최악의 시기에 오픈한 형 책임이니까, 어떻게든 해 봐."

"…."

솔직히 어떻게 하는 게 맞는지 알 길이 없었다. 그러나 우리에게는 이제 '어떻게 해서라도 해내야 하는' 선택지밖에는 없었다. 탄식만 하고 있어서는 길이 열리지 않는다.

'우리가 할 수 있는 것은 아직 많다.'

나는 혼자서 이 말을 되뇌고 또 되뇌었다.

티슈보다 홀대받은 후르츠산도

희망의 빛은 어디에서도 보이지 않은 채, 도쿄 스태프들과 매일 밤늦게까지 미팅을 했다.

"인근 주민들에게 인사도 할 겸 후르츠산도를 나눠주는 것은 어떨까?"

"남은 후르츠산도는 나카메구로역 앞에서 배포하자."

우리는 떠오르는 모든 아이디어를 행동에 옮기기로 했다.

오카자키에서는 인기 점포였다고 해도, 다이와의 도쿄 내 인지도는 바닥이었다. 우선 도쿄 사람들에게 다이와의 후르츠산도를 알리는 것부터 시작하기로 했다.

나는 드문드문 다니는 사람들을 향해 마음을 담은 손편지를 썼다. 그 손편지와 함께, 역 앞에서 만나는 사람들에게 후르츠산도를 나눠주기로 했다.

그러나 코로나 바이러스 공포에 빠져 있던 사람들은 우리가

일본 최고 도시 도쿄에 입성했다.

매일매일 후르츠산도를 만들었지만 단 한 개도 팔리지 않는 날이 이어졌다.

텅 빈 가게, 텅 빈 잔고….

코로나 19라는 괴물 앞에서 우리는 한동안 속수무책이었다.

팔리지 않은 후르츠산도만 진열장에 가득한, 다이와 나카메구로점의 모습이다.

손으로 건네는 음식을 받아주지 않았다.

　더러 받아 준 사람들조차 금세 눈앞에서 사라져 버려 말을 걸 시간조차 주지 않았다. 우리의 도쿄 진출 시작은, 마음속에 그리던 것과는 너무나도 먼 풍경이 되어버렸다.

대박은 손님이 몰고 온다 2

'너무 맛있어서 울고 있어요'

가게에 손님이 오지 않은 상황은 그 후로도 여러 날째 이어졌다.

내 가슴은 새카맣게 타들어갔다. 그러나 스태프들의 사기를 떨어뜨리지 않기 위해 나는 후르츠산도 제조만큼은 매일 변함없이 하라고 지시했다. 아침마다 후르츠산도를 만들어 진열장 가득 채워 두었지만, 이 난국을 어떻게 타개해야 좋을지 나 역시 알 수가 없었다.

오픈하고 한 달이 지났다. 골든위크를 앞두고 있을 무렵, 남은 후르츠산도를 역 앞에서 나눠주는 것은 우리의 일과가 되어가고 있었다.

"사장님, 큰일 났어요."

어느 날, 스태프 한 명이 매장 안쪽에서 소란을 떨며 나에게로 달려왔다. '이번에는 또 어떤 안 좋은 일일까.' 나는 걱정되어 물었다.

"왜 그래? 무슨 일 생겼어?"

"후르츠산도에 관한 업로드 내용이 트위터※에서 엄청 화제가
되고 있어요!"

아무래도 나카메구로역 앞에서 나눠준 후르츠산도를 손에 쥔
누군가의 업로드가 주목받고 있는 듯했다. 그 업로드 페이지에
는, 후르츠산도 사진과 함께 이렇게 쓰여 있었다.

'너무 맛있어서 울고 있어요.'

트위터의 이름은 '페' 씨. 팔로워 수는 고작 19명.

이 트위터에서 말도 안 되는 기적이 일어난 것이다. 그의 업
로드를 본 사람들의 리트윗을 계기로, 후르츠산도 사진이 트위
터상에서 순식간에 퍼지기 시작했다.

기상천외하게 트위터가 폭발한 그 날 이후, 다이와 계정의 팔
로워 숫자도 '핸드폰 고장 난 거 아닌가?' 싶을 정도로 폭증했
다. 팔로워가 매 시간 100명 단위로 늘어나고 있었다.

무엇보다 놀라운 사실은 '트위터 리트윗 랭킹'에서 '페' 씨의
업로드가 7일 연속 일본 1위가 된 것이다.

빙수를 시작했을 때도 화제가 된 계기는 고객의 SNS였는데,
이번에도 고객의 업로드에 불이 붙었다. '지옥에서 부처님을 만

※ 현재 엑스(X). 명칭이 바뀌기 이전 상황이므로 이 책에서는 '트위터'로 표기한다.

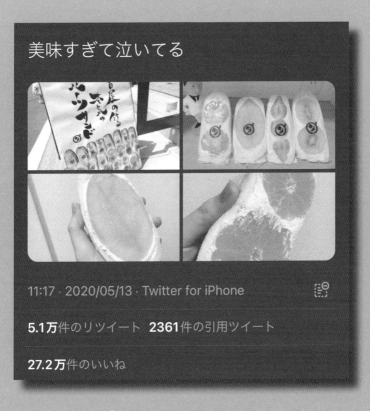

美味すぎて泣いてる

11:17 · 2020/05/13 · Twitter for iPhone

5.1万件のリツイート　2361件の引用ツイート

27.2万件のいいね

"너무 맛있어서 울고 있어요."
팔로워 수 19명에 불과한 '페' 씨의 트위터에 후르츠산도 사진이 올라왔다.
가게를 오픈한 지 43일째 되는 날이었다.

난다는 말은 이럴 때 꼭 어울릴 것이다. 그때까지 모질게 불던
역풍은 이 업로드를 계기로 순풍이 되어 주었다.

'후르츠산도는 개별 포장이라 위생 면에서 안심해도 된다.'

'긴급사태 선언 중이라도 테이크아웃은 문제가 안 되겠지.'

'이렇게 예쁘고 맛있는 후르츠산도는 처음 봐!'

'이런 이런! 정말, 끝내주는걸.'

기쁜 댓글들이 연이어 올라왔다. 그 해프닝 이후 도쿄에서 후
르츠산도는 순식간에 SNS의 핫템이 되었다.

나카메구로점에도 손님이 폭증했다. SNS를 보고 가게로 와
주는 손님이 늘고, 그것을 사진으로 찍어 SNS로 확산시키는 연
쇄반응이 점점 거세졌다. 나카메구로에도 긴 행렬이 생기기 시
작했음은 물론이다.

산 넘어 산, 그리고 또 산! 그 산을 넘으니 방송국

매일 계속되는 행렬은 나카메구로역 앞까지 이어져서 200미터
에 달했다. 본 적도 없고, 생각조차 못 한 대행렬이었다. 그러나
역시 좋은 일만 생기는 것은 아니었다.

이번에는 주변 매장과 주민들로부터 민원이 들어왔다. 경찰
에 신고해서, 여러 번 경찰관이 지도하러 오기도 했다.

"죄송합니다. 정말로 민폐를 끼쳐서 죄송합니다."

우리는 매일 머리를 숙이면서, 주변 매장과 주민들에게 사죄
하러 다녔다.

인생은 롤러코스터다.

좋은 일이 있으면 고생도 찾아오고, 고생 끝에 낙이 온다. 좋은 일만 이어지지도 않지만, 반대로 나쁜 일만 계속되지도 않는다. 가게 앞 대행렬은 입소문을 타고 도쿄 방송국 사람들의 귀에도 들어갔다. 지금까지 TV에서나 보던 유명인이 몰래 후르츠산도를 사러 오기도 했다.

좋은 일과 나쁜 일은 매일매일 반복되었고, 롤러코스터를 타고 버텨내는 일상 속에서 우리는 어찌어찌 후르츠산도라는 존재를 세상에 점점 더 널리 알리고 있었다.

할아버지에게 이 광경을 보여주고 싶었는데. 순간순간 떠오르는 할아버지의 미소 띤 얼굴.

"이 후르츠산도를 많은 이들에게 전하고 와라."

할아버지의 그 말이 지금 이 순간도 내 귓전에 맴돈다.

나의 할아버지와 오버랩되는
키위 할아버지

"키위를 살려 주세요."

2021년에는 오카자키의 다카페에도, 도쿄의 테이크아웃점에도, 에비스의 다카페에도 긴 행렬이 생겼다. 방송에서 자주 소개된 덕이었다.

이 무렵, 겉으로만 보면 나는 아무 문제 없이 순조로웠다. 그러나 누구에게도 털어놓기 어려운 고충은 언제나 생기는 법이다. 사실 그 시기에는 남모르는 실패로 인한 금전적 손실도 적잖았다.

할아버지에게 상담하고 싶다, 할아버지가 살아 계셨다면….

힘든 일이 생길 때마다 나는 그렇게 생각하며 할아버지를 그리워하고만 있었다. 그 날도 나 혼자 할아버지를 생각하고 있는데, 친구로부터 한 통의 문자가 왔다.

'있잖아, 고오키, 이런 사람을 발견했는데, 뭐라도 해 줄 수 없을까.'

그 문자에는 전혀 모르는 사람의 SNS 업로드 내용이 함께 첨부돼 있었다.

내용을 읽고 나는 충격을 받았다.

'86세인 저의 할아버지가 이시가와현에서 무농약 키위를 만들고 있어요. 그러나 2톤이나 되는 키위를 폐기하지 않으면 안 되게 되었습니다. 누군가 좀 도와주세요.'

나 혼자서는 어떻게 해결할 수 없으니, 누군가 할아버지에게 도움을 줬으면 좋겠다. 지금 이 사람의 심경이 나와 비슷하다고 생각했다.

나는 곧바로 트위터에 글을 올린 당사자이자 키위 농가 할아버지의 손자인 준페이 씨에게 메시지를 보냈다. 그리고 2시간 후, 같은 아이치현에 살고 있던 준페이 씨를 만나기로 약속을 잡았다.

"처음 뵙겠습니다. 오오야마입니다. 가능한 한 이른 시일 안에 이시가와현으로 갑시다."

5일 후, 준페이 씨와 다이와 스태프를 트럭에 태우고 이시가와현 노토로 향했다. 농장 앞에서 홀로 키위 농가를 운영하는 86세 할아버지를 처음 만나 인사를 드렸다.

'이렇게 나이든 몸으로, 생산에서 수확까지 전부 혼자서 하고 계시다니.'

나로서는 그 현실이 선뜻 믿기지 않았다. 키위 재배를 위해서는 항상 허리를 굽히고 작업해야만 한다. 당연히 허리는 아플 것이고, 손도 많이 간다. 이 힘듦을 상상하는 것은 내게 그리 어려운 일이 아니었다.

"할아버지의 키위, 저에게 모두 팔아주세요."

우리는 할아버지로부터 키위 농사를 하기까지의 이야기를 들었다. 약 40년 전인 어느 날, 빚을 진 친구를 돕기 위해 할아버지는 산을 팔아서 키위 농사를 시작했다고 한다. 그러나 현실은 점점 각박해졌다. 매일 아기 돌보듯 보살펴서 키운 소중한 키위는 생산자가 노인이라는 이유로 제값을 받지 못하기 일쑤였다. 도매상들이 홀로 농사짓는 할아버지의 키위 가격을 후려치곤 한 것이다.

나는 그때, 생산자의 이익이 제대로 보장되지 않는 구조가 있다는 것을 알게 되었다. 더구나 그해에는 할아버지가 허리를 다쳐서 수확하지 못하는 바람에 소중하게 키운 키위가 2톤이나 버려질 위기라니. 이 상황을 어떻게든 바꾸고 싶다, 내 마음이 뜨거워졌다.

방법은 알 수 없었지만, 막연히 '뭐라도 해야만 한다'고 생각했다. 그리고 할아버지가 만든 모든 키위를 구매하기로 그 자리에서 결정했다.

"오오야마 씨, 오늘 일부러 이렇게 먼 곳까지 와 주셔서 감사

'"베푸는 사람이 되어야 한다. 베푼다는 건 타인이 아니라 결국 나 자신을 돕는 길이다."
돌아가신 할아버지의 목소리가 귓전에 닿는 듯했다.
홀로 농사지은 키위 할아버지의 시름을 어떻게든 덜어드리고 싶었다.
그 무렵 누군가에게 도움받고 싶은 마음이 절실했던 내가 할 수 있는 최선은
바로 그것이었다.

합니다. 키위를 사주는 것도 물론 기쁘지만, 소중하게 키운 키위를 맛있다고 말하고 먹어주어서, 그리고 당신처럼 청과물을 소중하게 여기며 열심히 살아가는 사람이 있다는 사실을 알게 되어서 무엇보다 기쁩니다."

할아버지는 그렇게 말하며 웃고 계셨다. 그런 할아버지 옆에서 눈물 흘리는 준페이 씨의 얼굴을 보았을 때, 나는 너무나 따뜻한 기분이 되었다. 동시에 할아버지의 손을 잡고 서 있는 준페이 씨가 말할 수 없이 부러워졌다.

자비는 남을 위한 게 아니다

그 무렵 솔직히 나도 누군가에게 도움을 받고 싶은 마음이 절실했다. 그리고 할아버지의 목소리가 머리를 스쳤다.

"고오키, '자비는 남을 위한 것이 아니다'라는 말의 의미를 알고 있느냐?"

"인정을 베푸는 것은 그 사람을 진정으로 위하는 게 아니라는 의미 아닌가요."

"아니다. 사람에게 베푼 것은 반드시 자신에게 돌아오게 되어 있어. 즉 누군가를 위하는 것은 결국은 나 자신을 위하는 일이란다. 그러니까 곤란한 상황에 처한 사람을 봤을 때야말로 기꺼이 힘이 되어주거라."

할아버지는 종종 그런 말을 했었다. 요즘 논리라면 '우선 스스로 행복해진 후에 주변을 보살피라'고 하는 것이 보통이다.

그러나 할아버지의 가르침은 언제나 다른 사람이 먼저였다.

할아버지 말씀대로, 소중하고 멋진 이야기를 키위 할아버지에게 들으며 나 자신이 위로받고 큰 배움을 얻었다. 동시에 그때까지 내 머리를 짓누르던 고민거리가 하찮아지는 것을 느꼈다.

이 일로 결국 가장 이득을 본 것은 나였다는 생각이 든다.

"곤란한 사람이 있다면 망설이지 않고 도와주어라. 거기에 이유는 필요 없다."

그 말씀대로 할아버지가 살아계셨다면, 분명 나처럼 키위를 모두 샀을 거라고 믿는다.

2톤의 키위,
어찌할 건가! 고오키

이야기를 알리는 것부터 시작하자

준페이 씨의 이야기를 듣고 오카자키에서 출발하기 전부터, 나는 키위를 구매할 생각을 어느 정도는 하고 있었다. 설마 2톤을 전부 매입하게 될 거라고는 생각지도 않았지만.

자, 그런데 이 키위를 어떻게 팔 것인가?

다이와 슈퍼에서 2톤 모두를 파는 것은 아무리 생각해도 불가능했다. 차로 팔고 다니는 것에도 한계가 있다. 다시, 우리의 아군이 되어 주었던 존재에 기대보기로 했다.

그것은 바로 SNS로 연결된 사람들.

이 사람들에게 협조를 요청하기로 마음먹었다. 기왕이면 처음부터 그 모습을 모두에게 알리기로 했다.

그래서 오카자키 출발 전부터 라이브 방송을 시작했다. 이시가와현까지 가는 동안 우리는 할아버지의 이야기를 계속 소개했다. 2톤 트럭에 키위를 싣고 오카자키에 돌아오는 길에도 방송을 계속했다.

"여러분, 모두 힘을 보태주세요."

호소를 이어갔다. 판매는 며칠 후부터 시작하기로 했다. 판매하는 방법을 전혀 생각해 두지 않았기 때문에 시간이 필요했다. 다음날 시장 사람들에게 사정을 이야기하여 판매 협조를 약속받았지만, 그들은 2톤이나 되는 키위를 보고는 "오오야마 군, 괜찮겠어? 이 많은 양을 어떻게 팔려고?"라며 걱정했다.

그리고 온라인 판매 개시. 두근두근.

"안녕하십니까!"

나는 언제나처럼, 아니 평소보다도 훨씬 더 힘차게 방송을 시작했다.

연결되어 있는 세상의 힘

'팔리지 않으면 어떻게 하지?'

불안감은 깊숙이 접어둔 채 판매 방송을 이어나갔다. 주문은 나의 SNS DM으로 받기로 했다.

방송을 시작하자마자 댓글이 연이어 달렸다. 제일 처음 주문해 준 곳은 지바현에 있는 케이크집이었다.

'모든 이야기를 보고 있었는데 감동했습니다. 조금이라도 힘이 되고 싶어요. 20킬로그램 사겠습니다.'

이 메시지를 확인하고 나도 모르게 눈시울이 뜨거워졌지만, 꾹 참고 방송을 계속했다. 물론 케이크집의 주문을 밝은 목소리로 소개했다. 그리고 이 메시지를 시작으로 주문이 폭발적으로 이어졌다.

'홋카이도로 보내주세요. 친구들과 나누겠습니다.'

'이시가와현에서 이자카야를 경영하고 있습니다. 키위를 사용한 음료와 상품을 만들 겁니다. 100킬로그램 보내주세요.'

'나가사키에서 마트를 경영하고 있는 사람입니다. 200킬로 보내주세요.'

방송 시간에 맞춰 다이와 슈퍼의 청과물코너, 그리고 각 점포에서도 일제히 키위를 이용한 상품 판매를 개시했다. 점포에는 라이브 방송을 보고 와 준 고객들로 가득하고, SNS에서는 '할아버지의 키위를 사자'는 움직임이 확산했다.

할아버지의 2톤 키위는 채 한 달도 지나지 않아서 완판되었다. 그 일을 경험하며 다시금 상인으로서 배운 것이 있었다.

그것은 바로, 고객은 상품뿐만 아니라 그 배경에 있는 이야기에 공감했을 때 기꺼이 상품을 사준다는 사실이었다. 나아가 그 이야기의 연결고리야말로 우리가 가장 소중하게 생각해야 할 덕목이라는 점이었다.

순수한 마음이
기적을 일으켰다

키위를 돌보다 하늘로 가신 할아버지

첫 만남으로부터 1년이 지났다. 키위 수확 시기가 가까워진 2022년 늦가을, 키위 농가의 할아버지가 나에게 편지를 보내주셨다. 거기에는,

'오오야마 군, 올해도 키위를 부탁해요.

1년 만에 다시 만날 수 있기를 고대하고 있어요.'

라고 적혀 있었다. 그 해는 할아버지와 미리 이야기해서 수확부터 돕기로 했었다. 이제 며칠만 있으면 할아버지를 만날 수 있다. 나는 설레는 마음으로 그 날을 고대했다.

할아버지로부터 손편지를 받고 일주일이 지났을 때, 손자 준페이 씨에게서 연락이 왔다. 할아버지가 돌아가셨다는 것이다. 갑작스러운 부고에 나는 할 말을 찾지 못한 채 허둥거렸다.

돌아가시는 마지막 순간까지 할아버지는 키위 손질을 하고

계셨다고 한다. 그 모습이 천국으로 가는 당일 아침까지 시장에 다녀온 내 할아버지의 삶과 너무나 닮았다.

올해는 키위 수확부터 우리가 책임지기로 할아버지와 약속한 것은 물론, 작년과는 달리 농원에서 수확한 모든 키위를 매입할 생각이었다. 그 양을 무게로 치면 3.5톤.

마지막까지 키위를 돌보다 떠나신 할아버지의 노력을 절대 헛되게 하지 않겠다고 맹세했다. 나는 약속대로 할아버지가 키운 키위를 모두 매입했다.

지혜를 짜내면 새로운 문은 열린다

나는 지난해와 같이 라이브 방송을 했다. 어느 정도 예상은 했지만, 2년째에는 첫해보다 주문이 들어오지 않았다. 당연히 키위는 남았다.

이제 어떻게 해야 할지를 두고 모두 함께 고민했다. 첫 번째로 결정한 내용은, 건과일로 만들어 클라우드펀딩으로 판매한다는 것이었다. 덕분에 많은 주문을 받아서, 적잖은 양의 키위를 팔았다. 그러나 3.5톤이라는 양은 그렇게 쉽게 처분할 수 있는 게 아니었다.

그 무렵 유명한 의류 체인에서 부문별 판매실적 일본 1위를 달성한 뒤, 나의 SNS를 보고 다이와에 입사한 신입사원으로부터 한 통의 전화를 받았다.

역시! 일본 1위 실적을 올린 실력자는 남다른 데가 있었다. 그는 신입사원이지만, 여러 가지 상품 아이디어가 떠오를 때마다 나에게 적극적으로 제안을 하는 친구였다. 당연히 나는 그를 주목하고 있었다.

"사장님, 탕후루를 만들면 어떨까요? 사과뿐만 아니라, 다른 과일도 제안하고 싶은데."

"고마워. 근데 우리 간부들은 키위를 어떻게 해야 할지 지금 머리가 매우 복잡할 거라, 잠시 시간을 주면 좋겠는데."

"사장님, 그래서 제안하는 거예요. 키위 탕후루 어떻습니까? 사과가 가능하다면 키위도 될 것 같은데요."

그 자리에서 나는 대답했다.

"키위는 말이야, 껍질을 벗기는 순간부터 수분이 나오기 때문에 당 코팅을 해서 탕후루로 만들기 어려울 거야. 그래도 항상 제안해줘서 고마워."

그렇게 말하고 그날은 전화를 끊었다.

"키위 껍질을 먹을 수 있다고요?"

다음날, 다카페 본점에서 무엇 때문인지 스태프들이 모여 웅성 웅성 떠들고 있었다.

'왜 그러지?' 생각하고 있는데 그 신입사원이 활짝 웃으며 나에게 달려왔다. 그리고 내 눈앞에 막대기에 꽂힌 수수께끼의 물체를 꺼냈다.

"뭐야, 그거?"

"키위 탕후루입니다. 제 맘대로 만들어 봤어요."

키위가 사과 탕후루처럼 당으로 코팅돼 있었다. 그러나 어쩐지 모양이 으스스했다. 본래 생기기를 털이 보송한 껍질에 쌓인 키위를 통째로 먹는다니, 들어본 적이 없었다.

그가 말했다.

"이 키위는 무농약, 무비료로 키운 거잖아요. 그러니까 껍질도 먹을 수 있다고 생각해서 그대로 설탕 코팅을 해봤어요."

"우하하하하! 발상이 너무 재미있는데!"

"사장님, 이거 한번 먹어보세요."

나는 코팅된 키위를 조심스럽게 한입 베어 물었다.

"오우…, 맛있다. …. 충격적으로 맛있다."

나도 모르게 소리를 질러버렸다.

이건 되겠다. 반드시 되겠다. 그런 확신이 들었다.

그 자리에서 나는 상품화를 결정했다.

신상품은 타이틀이 생명이다. '키위 탕후루'만으로는 재미있지 않았다. 그래서 보이는 그대로 이름을 붙였다.

상품 이름은 '무농약 털보 키위 탕후루'로 정했다. 그리고 또 하나. 막대 아이스크림처럼 막대에 마킹을 해서 '당첨'이 나오면 '한 개 더' 선물을 주기로 했다. 이렇게 '무농약 털보 키위 탕후루' 판매가 시작되었다. 이 상품 판매로 가장 많이 받은 질문,

그것은 "키위를 껍질째 먹어도 되는 건가요?"였다. 그러나 일단 먹어 본 고객의 반응은 처음 내가 먹었을 때와 같은 감동과 놀람이었다. 먹으면 감동하고, 재구매로 이어졌다.

2022년에도 키위는 완판되었다.

프로가 되어버리면 보이지 않는 것들

과일을 생업으로 한 지 약 5년. 과일에 둘러싸여 살면서 나는 자연스럽게 그 분야의 프로가 되어갔다. 그러나, 그래서 생겨난 고정관념에 갇혔다.

키위에 관해서는 '껍질을 벗겨서 먹는 것'이라는 고정관념에 갇혀 보이지 않았던 것을 신입사원이 일깨워준 셈이다. 그는 지금 새로운 점포에서 점장으로 열심히 일하고 있다.

털보 키위 탕후루가 개발되기까지 흥미로운 여정에서 직접적인 수훈 상은 그 신입사원이 받아야 한다. 하지만 이 상품이 생겨날 수 있었던 최고의 MVP는 준페이의 할아버지 몫이다. 할아버지가 완전 무농약, 무비료 재배 원칙을 까다롭게 지켜낸 덕에 가능한 일이었다.

그러니까 이 상품은 준페이의 할아버지가 지닌 순순한 마음이 싹을 틔워낸 기적이었다. 천국에서 할아버지도 함께 지켜주고 계셨을 것이다. 무농약 키위 탕후루는 이후 다이와의 초인기 계절상품이 되었다.

2023년 11월.
할아버지가 가꿔온 키위 농원에는 다시 탐스러운 열매가 주렁주렁 영글었다.
준페이 씨와 나는 그곳에서 키위를 수확했고 무농약 털보 키위 탕후루로, 키위 주
스로, 키위 아이스크림으로 만들어 판매했다.

키위 할아버지가 세상을 떠나신 지 2년.

이시가와현의 키위 농원은 할아버지의 유지를 이어 손자인 준페이 씨가 계승하고 있다. 그리고 수확철이 되면 우리는 키위를 따러 노토 반도로 달려간다.

앞으로도 우리는 준페이 씨가 계속 키위를 만들어주는 한 키위를 판매해 나갈 것이다. 할아버지의 진심을 실어서.

6장 일본 최고의 사람들이
나에게 알려준 것들

"어느 길을 선택하더라도 정답이라고 생각해.
그러니까 중요한 건 '어느 길이 정답인가'가 아니라
'내가 선택한 길을 정답으로 만든다'라는
각오가 아닐까?"

일본 최고 가구점 창업자로부터

"저, 100억 엔 기업을 만들 수 있을까요?"

2020년 12월 24일, 크리스마스이브. 가출했던 내가 본가로 돌아가 할아버지 일을 돕겠다며 다이와 입사를 결정한 지 딱 3년이 되었다. 그 날 나는 '캄브리아 궁전*'이라는 방송에 출연하게 되었다. 이 프로그램은, 대기업 경영자에게 젊은 사업가가 질문하고 답을 구하는 형식이었다. 나의 질문 상대는 '오, 가격 이상, 니토리'로 유명한 니토리 주식회사**의 창업자 니토리 아키오 회장이었다.

녹화하는 날, 내가 일정이 맞지 않았기 때문에 방송국 사람들이 오카자키까지 와서 다이와를 소개한 뒤 마지막에 내가 질문하는 방식으로 구성을 했다.

---

* TV TOKYO에서 진행하는 경제 프로그램. 소설가 무라카미 류와 배우 고이케 에이코가 진행을 맡고 있으며 주로 일본 경제계 거물을 불러 토크쇼를 하는 형식으로 진행된다.
** 삿포로시에 본사를 둔 일본 일상용품 제조회사. 다양한 형태의 가구와 침구류, 일상용품을 저렴한 가격으로 판매해서 '일본의 이케아'라고도 불린다.

2020년 말. 그 무렵에는 오카자키시의 다이와 슈퍼와 여러 개 점포로 늘어난 오카자키 다카페, 다이와 나카메구로점, 에비스 다카페, 그리고 후르츠산도 이벤트 부대 탄생 덕에 우리 회사 연매출이 10억 엔을 넘었다. 출점을 위해 대출은 했지만, 경영은 초흑자 상태가 되었고 납세액도 커졌다.

회사 규모가 수직상승하던 나에게는 다음 목표가 생겼다. 그 것은 회사 매출 100억 엔(약 900억 원)을 만드는 것이었다. 100억 엔이라는 금액에는 아무런 근거가 없었다. 오직 '100억 엔이라는 숫자가 멋져서'였다.

그 무렵 다이와는 후르츠산도뿐만 아니라, 각 점포가 오리지 널 메뉴를 만들어서 제공하는 방식으로 운영되었다. 그렇게 한 것은 '모든 점포에서 같은 것을 판매하면 재미가 없기 때문'이라 는 한 가지 이유 때문이었다.

이러한 우리의 방식이 소개된 후, 드디어 나의 질문 차례. "어 떻게 하면 3년 이내에 100억 엔 매출 기업이 될 수 있을까요?" 라는 심플한 질문을 던졌다.

"이 상태로는 절대 무리입니다."

니토리 회장은 녹화장소에 제공된 후르츠산도를 먹고는 "맛있 네요. 이건 또 먹고 싶어지는군요."라고 말했다.

'좋아! 느낌이 좋아!' 이대로라면 좋은 대답을 들을 수 있을 것이다. 나는 TV 앞에서 니토리 회장의 대답을 두근거리는 마음으로 기다렸다. 드디어 답변이 시작되었다. 그러나 니토리 회장이 꺼낸 말은, 내가 원하던 것과 정반대 내용이었다.

"지금의 방식으로는 3년 이내에 100억 엔까지 도달하는 것은 절대 무리일 것입니다."

나는 TV 앞에서 얼어버렸다. 그의 이야기는 계속됐다.

"매출 100억 엔에 도달하려면 메뉴얼과 인재육성 등 많은 것이 필요합니다. 그러나 이 젊은이는 점포마다 제각각의 메뉴를 판매하고 있네요. 그렇게 하자면 점포별로 다른 레시피, 다른 메뉴얼이 필요합니다. 만약 방식을 바꾸어 후르츠산도 하나로 메뉴를 단순화해 사업을 전개한다면 가능성은 있습니다. 메뉴얼도, 인재육성 기법도 하나면 충분하기 때문입니다. 그렇게 한다면 가능성은 있을 것입니다."

일본의 이케아, 니토리

1967년 홋카이도 삿포로에서 창업자 니토리 아키오似鳥昭雄가 '니토리 가구점'을 연 것이 기업 모태가 되었다. 이후 가구뿐 아니라 홈인테리어 제품, 일상용품 제조 및 소매로 영역을 넓혀왔다. 36년 연속 사상 최대 영업이익을 거둔 진기록도 가지고 있다. 물류 및 배송을 직영으로 전환해 비용을 절감한 덕에 타 업체들을 압도하는 저렴한 가격이 최대 경쟁력이다. 저가 정책과 다양한 제품 구성으로 인해 '일본의 이케아'라 불린다.

현재 일본 내 체인은 804개, 그 외에 중국, 대만, 말레이시아 등에도 지점을 두고 있으며, 2023년 가을 한국에도 진출했다.

일본 최고 기업가의 답변은 가혹했다.

'캄브리아 궁전' 출연 영향으로 당장 다음날부터 다이와와 다카페 점포들의 매출은 폭발적으로 늘었다. 그러나 내 마음은 썩 즐겁지만은 않았다.

'이대로라면 100억 엔은 절대 무리다.'

이 말이 내 가슴 깊이 꽂혀버렸다.

"젊은이여, 언제라도 상담을 원하면 오세요."

니토리 회장이 나빠서 그런 말을 한 게 아니라는 사실을 잘 알았다. '캄브리아 궁전' 제작진도 나와 다이와를 매우 호의적으로, 그리고 매력적으로 소개해 주었다. 하지만 멋지게 편집된 내용에 속아 넘어갈 정도로 일본 최고 기업가의 눈은 호락호락하지 않았다. 현장을 둘러본 것도 아닌데, 니토리 회장은 우리의 약점을 한눈에 간파했다.

지금 돌아보아도 니토리 회장의 이야기는 정말로 소중한 조언이었다. 그 시점에 많은 상품을 각 점포에서 만들고 있었기 때문에 주방은 늘 혼란스러웠고, 상품의 질도 떨어지고 있었다. 니토리 회장은 방송 말미에 한마디를 덧붙였다.

"이 젊은이에게 전해주세요. 필요하다면 언제라도 무료로 어드바이스할 테니까, 나를 찾아오라고."

평소의 나라면 곧장 니토리 본사로 전화를 걸어 상담을 예약했을 것이다. 그러나 그때는 일본 재계의 정점에 있는 니토리 회장님 앞에 설 자신이 없었다. 용기를 내서 만나러 갔을 때, '왜 100억 엔이 되기를 바라는가?'라고 물어보면, 뭐라고 대답해야 할지 정해진 것이 없었기 때문이다.

이렇게 나의 얕은 미래 계획은 산산조각이 나 버렸다.

'오, 가격 이상'은
이렇게 탄생했다

일본 최상위에 군림하는 사람들

이 방송이 나간 지 2개월이 지난 2021년 2월. 다이와에 한 통의 전화가 걸려왔다. 놀랍게도 그 전화는 니토리 회장님의 비서로부터 걸려온 것이었다. 실은 이 만남을 연결해 준 사람이 있었다. 일본의 가방업체 톱브랜드인 '사만사 타바사'라는 회사가 있다. 이 회사 창업자인 데라다 가즈마사 씨와 니토리 회장은 형제처럼 사이가 좋은 관계였다.

그 데라다 가즈마사 씨가 '캄브리아 궁전'을 본 후 나에게 흥미를 보이면서 니토리 회장에게 이렇게 말했다고 한다.

"니토리 형, 얼마 전에 캄브리아 궁전에 나왔던 그 후르츠산도 애송이, 재미있어 보이니까 우리가 한번 만나자."

그렇게 해서 나는 경영계의 두 거장인 니토리 회장과 데라다 씨를 만나 식사를 하게 되었다. 두 분은 처음부터 나를 친근하게 대해 주셨고, 지금까지 그 인연이 이어지고 있다.

2022년 6월, 나는 홋카이도에 있는 니토리 회장의 시설인 '니토리 관광 과수원'으로 함께 여행을 떠났다. 거기서 '이것이 일본 최고가 된 사람의 자세인가?' 새삼 생각하게 된 에피소드가 있었다.

그날 니토리 회장과 데라다 씨, 그리고 니토리 회장의 부인인 모모요 씨와 나는 과수원의 앵두나무 아래에서 바비큐를 즐겼다.

나는 초일류 경제계 거인들이 나누는 대화를 열심히 듣고 있었다. 화제의 대부분이 홋카이도의 훌륭함과 취미인 골프, 술에 관한 매우 평범한 이야기였다.

여담이지만, 니토리 회장도 데라다 씨도 엄청나게 술이 세다. 그 속도에 맞추어 마시다 보니 나는 어느새 헤롱헤롱 취해버렸다. 맛있는 고기를 먹고, 술을 마시고, 모두가 유쾌해졌을 무렵 식사의 마무리로 맛있는 오니기리(일본식 주먹밥)가 나왔다. 그 시점에는 니토리 회장도 과음해서 몸을 가누기 힘든 상태였는데, 그 오니기리를 먹는 순간 갑자기 눈빛이 돌변했다.

'왜 그러시지? 이 오니기리 정말 맛있는데.'

나 혼자 생각하고 있는데 내 옆에 서 있던 스태프에게 조리 담당자를 불러오도록 했다. 니토리 회장은 달려온 담당자에게 말했다.

"이 오니기리를 30그램 줄여. 알겠어? 30그램이야. 정확히 그렇게 해야 해."

그렇게 말하더니 메모지에 '오니기리 30그램 줄인다. 니토리!'

라고 손으로 써서 조리 담당자에게 건넸다.

'조금 전까지 술에 취해 비틀비틀하던 사람은 당신이 맞나요?' 물어보고 싶을 만큼 놀라운 변신이었다.

24시간, 경영을 생각한다

전국시대 무장 오다 노부나가는 춤을 출 때도, 술을 마실 때도, 항상 옆 나라와의 전투만을 생각했다고 한다. 천하의 파나소닉을 만든 마쓰시타 고노스케도 마찬가지였다.

경영자는 그 사람에게서 경영을 빼면 제로가 된다. 그 정도 각오를 가진 인간이 아니면 크게 성공할 수 없다.

책에서 마쓰시타 고노스케의 글귀를 읽으며 어떻게 저런 이야기를 할 수 있을까 궁금했던 적이 있다. 니토리 회장의 그런 태도야말로 '경영 그 자체'인 경영자를 내 눈으로 직접 본 듯한 충격이었다. 니토리 회장의 머릿속은 술을 마시고 있을 때도, 골프를 하고 있을 때도, 항상 니토리 경영 생각으로 가득했다.

지금도 니토리 매장에 가면 '어떻게 하면 이런 상품을 생각해 낼 수 있는 걸까?' 싶을 정도로 놀라운 제품들이 넘쳐나듯 진열되어 있다. 그때 함께 여행했던 부인 모모요 씨한테서 들은 이야기인데, 아이디어가 넘치는 니토리의 상품 대부분은 니토리 회장의 발상으로 만들어진 것이라고 한다. 게다가 그 발상은 책상 앞에서 생각해 낸 것이 아니라 일상에서, 무언가를 하다가 느끼는 불편함 속에서 나온다고 했다.

"오오야마 군, 나는 언제나 열심히 찾아다니는 것이 있단다."

"그게 무엇입니까?"

"손님의 불편과 불만."

"불편과 불만이라고요?"

"그래. 그 두 가지가 내 경영의 원천이지. 불편과 불만을 해소할 방법을 찾다 보면 반드시 해결책이 보이거든. 그다음은 불편과 불만을 해결해줄 상품을 만들어내는 것뿐이야."

과연, 깊다.

'경영의 신' 마쓰시타 고노스케松下幸之助

파나소닉의 창업자이자 전후 일본 경제의 큰 나무로 추앙받는 인물. 1894년 와카야마현 출생. 아홉 살 때 초등학교를 중퇴한 후 더부살이로 전전하다 1918년 마쓰시타 전기기구 제작소를 창업, 탁월한 경영 수완으로 일본 최고 가전제품 생산·판매회사로 키웠다. 이후 파나소닉을 창업해 숱한 위기를 돌파하며 세계적 브랜드로 키워낸 그의 경영철학은 '바람이 강하게 불 때야말로 연을 날리기에 가장 좋다.'는 말로도 요약된다. 1929년 대공황으로 사업이 위기에 처하자 그는 직원들의 근무 시간을 반나절로 줄이고 주 이틀 휴무를 주면서도 임금을 삭감하지 않고 오히려 그들을 독려했다. 그러자 직원들이 오전 근무를 마친 뒤 자발적으로 제품 판매에 나서는 등 똘똘 뭉친 덕에 발 빠르게 경영을 정상화하고 경쟁업체들을 따돌릴 수 있었다.

그 오니기리로 스위치가 켜진 것일까. 니토리 회장은 그때부터 '어떤 시선으로 상품을 만들지' '어떻게 그 힌트를 찾아내는지'에 대해 많은 이야기를 들려주셨다.

일을 떠나 즐거운 여행지에서도 경영에 대해 절대 잊지 않는 니토리 회장. 반면 모든 걸 다 잊고 헤롱헤롱 흐트러져 버린 나.

그 여행은, 일본 최고라는 꿈은 아직도 나에게 먼 곳이라는 엄연한 사실을 내게 일깨웠다. 이미 과음해서 헤롱거리는 나 자신이 한없이 부끄러워질 만큼, 그날 니토리 회장의 입에서 나오는 이야기들은 주옥같은 경영철학 그 자체였다.

실수 전화로 시작된 폭풍 같은 만남

이렇게 말하면 결례인지 모르지만, 니토리 회장은 천재경영자인 동시에 인간으로서는 타고난 천진난만형이었다. 그 간극이 나에게는 엄청난 매력으로 느껴진다. 예를 들면, 니토리 회장으로부터 월 1회 정도 전화가 잘못 걸려온다. 그날도 니토리 회장은 실수로 내게 전화를 잘못 걸었다.

"회장님, 전화 주셨습니까?"

"아아, 오오야마 군. 미안하네. 정말 미안해. 내가 또 전화를 잘못 걸었나 봐."

"회장님, 너무하십니다. 저는 회장님에게 걸려온 착신전화를 보면 가슴이 두근거리고, 식사라도 함께 갈 수 있을까, 기대하게 된단 말입니다."

"아이 미안해, 정말. 오오야마 군, 혹시 내일 저녁은 도쿄인가? 사죄하는 마음으로 일정이 비어 있다면 저녁이나 함께 어때? 맛있는 거 사줄 테니."

"정말입니까? 감사합니다! 비어 있지요. 기대하겠습니다!"

그리고 다음 날. 그 말을 계기로 내 10년의 바람이 퍼즐처럼 맞춰져 가는 신기한 일이 계속해서 일어나게 되리라는 사실을 그 시점의 나는 전혀 알지도, 알 수도 없었다.

사이토 히토리와
나가마쓰 시게히사

일본 최고는 어디에 있나?

2013년. 지금부터 딱 10년 전이던 열아홉 살 때, 나는 인생의 바닥에 있었다. 그 무렵 나는 엄마와 다툰 후 집을 나갔고, 그대로 가족들과 절연 상태가 되었다.

할아버지와 할머니는 크게 걱정하고 상심하셨지만, 어른 말을 듣지도 않는 상태이던 나는 두 분의 전화마저 그냥 무시했다. 돈도 없고, 기댈 곳도 없었다. 하는 수 없이 어렸을 때 이혼한 부친에게로 가서 타코야키 가게를 돕기로 했다. 다니던 대학도 자퇴해버렸다.

삶의 의욕이 있었던 것도, 타코야키 가게를 하고 싶었던 것도 아니다. 그저 세상 모든 것에 대해 불만이었던 나는 타코야키를 만들면서 '사회생활이란 이렇게 지루한 것이구나' '일이란 이렇게 하찮은 것이구나' 하는 푸념만 반복했다.

그러던 어느 날 다른 생각이 찾아들었다. '이렇게 하찮은 인생은 이제 그만하고 싶다!' 희망 없이 흘러가는 내 삶을 어떻게든 바꿔보고 싶었다.

"고오키, 기왕 하려면 일본 최고가 되거라."

어둠 속에서 할아버지의 그 말이 머릿속을 스쳐 갔다. 무엇을 해서 일본 최고를 목표로 삼을지는 모르겠지만, 일단 일본 최고로 성공한 사람들을 알아내는 것부터 시작하자. 그렇게 마음먹고 성공한 사람들을 인터넷으로 검색해 보았다. 세상에나! 생각지도 못한 분야에서 일본 최고인 사람들이 너무도 많았다.

그중에서 특히 내 눈에 들어온 한 사람이 있었다.

'납세 일본 1위, 사이토 히토리.'

사이토 히토리 씨는 책을 많이 출간했다. 그의 책을 읽으면 일본 최고의 생각에 접촉할 수 있겠구나. 나는 서둘러 서점으로 달려갔다. 거기서 내가 집은 책이 《사이토 히토리의 길은 열린다》였다. 나아갈 길이 전혀 보이지 않았던 나에게, 그 제목은 다른 어떤 책보다 매력적으로 보였다.

참새가 어찌 봉황의 뜻을 알겠는가

일본 최고인 사이토 히토리 씨의 생각을 배우고 싶어서 그 책을 곧바로 읽었다. 한참을 읽어 내려가다 실은 그 책이 사이토 히토리 씨가 쓴 책이 아니라 나가마쓰 시게히사라는 사람이 쓴 저서라는 사실을 알게 되었다. 책 제목에 '사이토 히토리'라고 크게 쓰여 있는 탓에 착각해서 산 것이다.

책을 쓴 나가마쓰 시게히사 씨는 26세에 타코야키 행상으로 장사를 시작해 꽤 큰 음식점을 여럿 운영하는 경영자였다. 그 젊은 경영자가 사이토 히토리 씨의 가르침을 배워가는 과정을 설명하는 책이었다.

타코야키 가게에서 일하고 있는 내 처지와 겹치면서, 흥미롭게 책을 읽었다. 일본 최고로 성공한 사람의 생각을 배우면, 나도 일본 최고로 성공하는 사람이 될 수 있다. 그렇게 믿고 그 책을 읽어가다가, 나는 맥이 빠졌다.

· 미소로 사람을 대한다.
· 고개를 끄덕거리며 사람의 이야기를 듣는다.
· 좋은 말을 사용한다.

'은둔의 거상' 사이토 히토리斎藤 一人

화장품 및 건강식품 판매업체 '긴자마루칸銀座まるかん'의 창업자이자 기업인, 저술가.

1993년부터 2005년까지 12년간 일본 납세액 1위를 기록한 거부이지만 그의 정체는 철저하게 베일에 싸여 있다. 최종 학력이 중졸로 알려진 그는 언론 인터뷰나 TV 출연을 전혀 하지 않으며, 팬들을 대상으로 한 강연 역시 대역자를 내보내 진행하는 것으로 유명하다. 일본뿐 아니라 우리나라에서도 베스트셀러가 된 여러 권의 책을 통해 자신의 경영 철학과 인생관 등을 전파하고 있다.

책에는 그처럼 간단한 덕목이 중요하다는 말밖에 쓰여있지 않았다. 중국 고사성어에 '참새가 어찌 봉황의 뜻을 알겠는가'라는 말이 있다. 간단하게 말하면 '높고 넓은 하늘을 나는 큰 새가 목표로 하는 것을, 낮은 하늘을 날아다니는 작은 새는 이해할 수조차 없다'는 의미다.

당시 창업한 지 얼마 안 되어 앞이 보이지 않았던 나가마쓰에게도, 사이토 히토리 씨가 하는 말의 깊이가 처음에는 전혀 와 닿지 않았다고 쓰여 있었다. 그러니 나이로 보나, 처지로 보나 나가마쓰 씨에게 훨씬 미치지 못하는 나에게 일본 최고경영자의 말이 제대로 전해질 리 없었다.

'에이, 이런 걸로 인생이 잘 된다는 게 말이 돼?'

약간 자포자기한 마음이면서도 나는 책을 읽어 내려갔다. 그

'믿고 따르는 멋진 형' 나가마쓰 시게히사永松戊久

2020년대 일본에서 가장 사랑받은 저술가이자 기업인.

20대에 타코야키를 파는 노점상으로 시작한 후 사이토 히토리의 가르침을 실천하며 10년 만에 일본 굴지의 외식업체로 키워냈다. 사이토 히토리의 가르침을 전파하는 책 《사이토 히토리의 길은 열린다》가 베스트셀러에 오른 후 삶의 태도와 실천력을 강조하는 여러 권의 자기계발서를 펴내며 일본 청년들이 믿고 따르는 멘토로 급부상했다. 경영 컨설팅과 강연, 세미나, 청년 기업인 육성 등의 활동을 왕성하게 펼치고 있으며 이 책 역시 그의 전폭적인 지지와 후원에 힘입어 세상에 나왔다.

말의 깊이를 서서히 느끼게 된 것은 실제로 내가 경영을 하면서부터였던 것 같다.

아무리 반발하고 반항해도, 아무리 자포자기하는 마음이 들어도 그 당시 나에게 기댈 곳은 없었다.

그렇다. 그 무렵의 나에게는 그 어디에도 붙잡을 수 있는 지푸라기가 보이지 않았다. 다만 저자인 나가마쓰 시게히사는 이 가르침을 바탕으로 큰 성공을 거두었다고 말했다. 거짓말 같지는 않았다. 게다가 돈도 없고, 기댈 곳도 없던 내게 이 간단한 가르침은 당장이라도 실천할 수 있는 것이었다. 그래서 우선 사이토 히토리의 가르침을 실천해보기로 했다.

동경하는
샹크스shanks와의 만남

내 맘대로 루피luffy

조사해보니 '길은 열린다'라는 맨투맨 레슨이 열렸던 것은 2005년. 그 내용이 책의 형태로 출판된 것은 2010년이었다. 그리고 내가 그 책을 손에 쥔 것은 2013년. 나가마쓰 씨는 이미 몇 권의 책을 내고 있었다. 이 책 《사이토 히토리의 길은 열린다》를 계기로 나는 나가마쓰 씨가 쓴 다른 책들도 읽기 시작했다.

나의 인생은 사이토 히토리, 나가마쓰 시게히사의 책 덕분에 길이 열렸다고 해도 과언이 아니다. 언젠가는 나가마쓰 씨를 직접 만나서 인사를 하고 싶다, 그것이 나의 꿈 중 하나였다.

나가마쓰 씨를 만나려고 작정했다면 만날 기회는 얼마든지 있었다. 홈페이지와 SNS를 보면 나가마쓰 씨는 오이타현과 후쿠오카현에서 '히나타야'라는 음식점을 몇 개 경영하고, 다른 한편으로 베스트셀러 저자로서 일본 전국을 돌며 강연하고 있었다. 그의 강연에 가면 당연히 만날 수 있을 터이고, 그가 운영하는 식당에 가도 어쩌면 만날 수 있으리라.

그러나 그 시점에는 만나더라도 나를 진지하게 상대를 해주지 않을 거라고 판단했다. 설령 이야기를 나눈다고 해도 한 명의 팬에 불과하겠지.

아무것도 가진 게 없는 나지만, 기왕 그를 만난다면 뭐라도 한 가지는 자랑할 만한 것을 보여주고 싶었다. 그렇게 생각하며 그를 만나러 가기를 포기했다.

그러다가 우연히 나가마쓰 씨의 팬과 만나 이런저런 이야기를 나눌 기회가 생겼다. 그와 대화하던 중 나가마쓰 씨가 식당 스태프를 비롯해 많은 젊은 친구들로부터 '시게 형'이라 불리고 있으며, 그의 책을 읽고 따르는 수많은 청춘들에게 형 같은 존재라는 사실을 알았다.

그 말을 들은 후부터 아직 만나 본 적도 없는 나가마쓰 씨를 '시게 형'이라고 내 멋대로 부르기 시작했다.

참고로 나는 〈원피스〉라는 만화를 좋아한다. 영향받기 쉬운 타입인 나는 종종 주인공인 루피Luffy와 나 자신을 겹쳐서 생각한다. 〈원피스〉는 루피가 샹크스Shanks라는 해적과 만나고, '나도 이런 남자가 되고 싶다'고 동경하는 것으로 이야기가 시작된다. 루피의 동경 대상인 샹크스는, 해적왕이라고 불리던 골 D. 로져에게 키워져 큰 해적이 되었다.

그래서 나는 마음 가는 대로 상상하기 시작했다. 나는 루피, 사이토 히토리는 로져. 그리고 시게 형은 내게 샹크스가 되었다.

그로부터 9년이 흐른 어느 날, 지인의 소개로 딱 한 번 시게 형을 만날 기회가 있었다. 평소 나는 아무리 유명한 사람을 만나도 동요하지 않는 뻔뻔함을 지녔지만, 눈앞에 나타난 시게 형은 뭔가 특별한 데가 있었다.

그토록 오랫동안 만나고 싶었던 시게 형을 눈앞에 두고, 얼마나 긴장했는지 나도 모르게 '나가마쓰 씨'라고 불렀다. 그런 나의 긴장을 풀어주려고 애쓰며, 시게 형은 계속 웃는 표정으로 내 이야기를 들어 주었다. 그리고 나에게 여러 가지 질문을 했는데, 바보같이 떨리는 바람에 한 가지도 제대로 대답하지 못했다.

'이제 다시 기적과도 같은 이런 만남은 없겠지.'

시게 형과 헤어져 돌아오는데 슬픈 예감이 들었다. 내 예감처럼 그날의 인연은 이어지지 못하고 끝나버렸다.

민첩한 매니저가 내게로 왔다

그로부터 한참이 지나고, 앞서 말한 대로 니토리 회장의 잘못 걸려온 전화로 성사된 식사에 간 날이었다. 나는 도쿄로 가는 신간센 안에서 SNS로 '지금 저는 도쿄로 갑니다.'라고 글을 올렸다. 니토리 회장과 만나는 식사 말고 특별한 일정이 없었기 때문에, 도쿄에 간 김에 '다른 누군가와 만날 수 있다면 좋겠다'는 의미를 담고 있었다.

그랬더니 그 글을 본 누군가로부터 한 통의 메시지가 도착했다. 그 사람의 이름은 이케다 미치코. 나가마쓰 시게히사의 매니저였다.

'오오야마 씨, 처음 인사드립니다. 나가마쓰 시게히사 씨의 매니저인 이케다 미치코라고 합니다. SNS를 보았습니다. 지금 도쿄에 오시는 거죠? 제가 마중을 나갈 테니 시나가와역에 도착하면 연락 주십시오.'

어떤 맥락도 없는 갑작스러운 메시지는 나를 놀라게 했다. 뭔가 혼날 일을 한 것은 아닌지 불안해졌지만, 연락을 주고받은 후 미치코 씨는 정말로 시나가와역까지 나를 마중 나와 주었다.

이야기를 들으니, 미치코 씨가 나를 마중 나온 것을 그 시점에 시게 형은 전혀 모르고 있었다고 한다.

미치코 씨는 SNS에서 줄곧 다이와 관련 내용을 보고 있었다. 그런데 내가 도쿄에 가기 며칠 전, 우연히 시게 형으로부터 이런 이야기를 들었다는 것이다.

"그건 그렇고, 몇 개월 전에 아주 재미있는 후르츠산도 애송이를 만났어."

그 말을 들은 미치코 씨는 혼자 결심했다고 한다.

'언젠가는 반드시 그와 연결할 것이다. 그리고 기왕이면 이른 시간 안에 이 둘을 엮어 줄 것이다.'

바로 그 타이밍에 '지금 저는 도쿄로 갑니다'라는 나의 업로드를 보고 연락을 준 것이다.

"드디어 오오야마 씨를 만났네요. 역시 당신을 가져야 할 사람은 시게 형이네요."

차 안에서 알 수 없는 말을 하며 미치코 씨는 밝게 웃었다.

그가 나에게 연락한 영문을 잘 모르는 채로 자동차는 에비스의 다카페에 도착했다. 미치코 씨와 나는 시시콜콜한 이야기를 한 후 그대로 헤어졌다. 그리고 몇 시간 후, 미치코 씨의 계획은 엄청난 방향으로 진행되고 있었다.

그곳에, 시게 형이 있었다

도쿄에서 업무를 마치고, 약속대로 니토리 회장과 저녁 회식을 즐기고 있었다.

"오오야마 군, 오늘은 어디에서 묵나?"

"아직 호텔을 안 잡았습니다. 식사를 마치고 찾겠습니다."

"그럼 방을 준비해 줄게. 묵고 가도록 해."

저녁 식사를 하던 그 식당은 니토리 회장이 매입한 곳으로, 니토리 회장 자신이 오너였다. 그곳은 별실에다 숙박이 가능한 곳이어서, 그 방을 준비해 주겠다고 말한 것이다.

'이 숙소에는 엄중한 야간 경비가 깔리는 데다, 밤 10시 이후에는 누구도 들어오지 못하고 밖으로 나갈 수도 없다, 그리고…' 회장이 그런 룰들을 신나게 들려주고 있는데, 그곳 점장이 헐레벌떡 달려와 걱정스러운 목소리로 보고했다.

"회장님, 죄송합니다. 오늘은 숙박이 예정돼 있지 않아서 침대 시트를 전부 세탁실에 맡겨버렸습니다. 게다가 니토리 매장은 닫혀 있을 시간이니, 이 시간까지 문을 연 가게를 찾아서 시트를 사 오겠습니다!"

"아, 그건 안 되지! 침구는 니토리의 물건이 아니면 안 된다는 것쯤은 익히 알 텐데!"

니토리 회장은 전에 본 적이 없는 엄중한 표정으로 점장에게 큰 소리를 냈다.

"오오야마 군, 미안하네. 오늘은 시트가 없으니 묵을 수 없을 것 같아. 다음 기회에 묵도록 하지."

"그럼요, 그럼요. 저야말로 폐를 끼쳐서 죄송합니다. 그리고 배려 감사드립니다."

아쉽게도 이렇게 니토리 회장과의 회식은 끝나버렸다. 밤 10시에는 야간 경비가 가동되기 때문에, 나는 9시가 지났을 무렵 그 장소를 빠져나왔다.

그 직후였다. 점심때 마중 나와 주었던 미치코 씨한테서 연락이 왔다.

"오오야마 씨, 늦은 시간에 죄송합니다. 잠시 상담할 것이 있는데, 지금 만날 수 있을까요?"

나는 그가 알려준 장소로 향했다. 그런데 거기에, 시게 형이 있었다.

미치코 씨로부터 사전에 그런 말은 듣지 못했다. 즉, 이것은 미치코 씨의 서프라이즈였던 셈이다. 낮에 미치코 씨와 만난 것만으로도 가슴 벅찬 일이었는데, 시게 형을 이렇게 다시 만나다니! 내 심장 박동 수치는 최대치로 올라갔다.

이렇게 미치코 씨의 우아한 계획 덕에 나는 시게 형과 두 번째 만남을 갖게 되었다.

시게 형이
내 이름을 불러주었다

두 번째 만남

"오! 고오키, 왔어? 오랜만이야! 미치코가 갑자기 연락해서 놀랐지? 미안해."

"아, 아닙니다. 절대로 아닙니다."

재회도 기뻤지만, 만나자마자 친근하게 '고오키'라고 불러주는 것도 나의 마음을 어린아이처럼 부풀게 했다.

'좋아, 오늘은 지난번의 부족함을 만회해야지. 내 생각과 지금까지 시게 형의 책을 읽으며 배운 모든 것들, 그리고 감사한 마음을 다 전해야겠다.'

나는 그렇게 결심했다.

"지금 업무 회의를 했어. 소개할게."

그 자리에는 시게 형 외에도 두 사람의 출판관계자가 동석해 있었다. 내가 불려간 그곳은 시게 형이 주관하는 출판 관련 사무실로, 마침 그날 신간 기획회의가 있었다고 했다.

"여기는 스바루샤라는 출판사의 편집장 우에즈 씨, 그리고 여기는 영업부 부장인 하라구치 군."

"알고 있습니다."

나도 모르게 큰 소리로 말해 버렸다. 지금 내 눈앞에 있는 사람들은 내가 책에서 이미 만난 사람들이었다. 시게 형이 쓴 모친에 관한 책《기쁨이 되는 사람이 되어라》에 두 사람이 등장했기 때문이다.

나는 그 책에 큰 감동을 받아 여러 권을 구매해 지인들에게 나눠 주기도 했다. 책 속에 등장하는 사람들이 내 눈앞에 나타나면, 사람의 사고회로는 일순 정지된다. 그때 내 머리는 정확히 그 상태였다고 생각한다.

출판계의 현역 레전드들이 내 눈앞에…

13년 전《사이토 히토리의 길은 열린다》를 쓴 시게 형은, 지금은 일본 최고의 비즈니스서 저자가 되었다. 엄청난 판매고를 올린 베스트셀러《사람은 말투가 9할》은 2020년 일본에서 출판된 비즈니스 도서 중 일본 1위를 차지했다. 그리고 2021년에는 일본 모든 책(만화, 문고를 제외)을 망라한 종합 판매순위에서 일본 1위를 찍었다.

나아가 2022년에는 전후 출판 역사상 최초로 비즈니스 도서 3년 연속 일본 1위를 달성했다(그뿐 아니라 이 글을 쓰는 2023년 상반기에도 일본 1위). 우에즈 편집장과 하라구치 씨야말로 이 책을 만들어낸 숨은 공로자들이었다. 그러니까 지금 내 눈앞에 있는 두 명은 현역이면서 이미 출판업계의 레전드로 불리는 사람들이었다.

테이블 위에는 다이와의 후르츠산도가 올려져 있었다. 나를 이 자리에 부르기 위해 미치코 씨가 미리 제품을 구매한 뒤 우리 후르츠산도에 대해서 출판사 멤버들과 뜨겁게 미팅을 하고 있었던 거다.

그날을 기점으로 시게 형은 나를 친동생처럼 여기며 매우 귀엽게 대해 주셨다. 시게 형뿐만 아니었다. 그날 이후 스바루샤의 우에즈 편집장과 하라구치 씨와 여러 가지 이야기를 해나가는 가운데, 책 출판이라는 소중한 기회까지 얻었다.

내가 선택한 길이 정답

"중요한 건 내 선택을 정답으로 만들겠다는 각오야."

출판이 결정된 것을 계기로 나는 책 쓰는 법을 배우기 위해 시게 형이 있는 도쿄를 자주 드나들게 되었다. 시게 형은 집필 상담과 경영 어드바이스를 해주고, 맛있는 밥도 사주었다. 나아가 여러 가지 개인적인 고민을 들어주는 등 물심양면으로 나를 도와주었다.

나에게 끌려오다시피 한 사령관 하가 씨, 창업 멤버인 료스케와 타이시도 언젠가부터 시게 형의 인간적 매력에 이끌려, 도쿄에 머무는 날들이 부쩍 늘고 있었다.

그러던 어느 날 경영 때문에 갈팡질팡하고 있을 때, 시게 형으로부터 인상 깊은 말을 들었다.

"고오키는 아직 자신이 나아갈 길이 분명하지 않은 것 같아."

"맞습니다. 회사를 크게 키우는 게 맞는 건지, 현재 스탠스를 유지하고 나아가면서 회사를 강하게 만들어 나가야 할 것인지, 또는 다른 사업에 도전해볼 것인지, 선택지가 너무 많아서 자꾸 망설이게 됩니다."

"나는 어느 길로 나아가더라도 정답이라고 생각해."

"그럴까요?"

"음, 좀 더 참견하자면 '어느 길이 정답인가'가 아니라, '내가 선택한 길을 정답으로 만든다'라는 정도의 각오를 하면 후회하지 않아."

내가 선택한 길을 정답으로 만든다는 각오.

그 말은 내 안에 특별한 인상을 남겼다.

맞는 길이라면, 신기하게도 시작부터 잘 된다

"길. 나의 길이라는 건 어떻게 하면 찾을 수 있을까요?"

나는 시계 형에게 물었다.

"가장 빨리 찾고 싶다면, 지금 눈앞에 있는 것을 철저하게, 열심히 해보면 돼. 지금 눈앞에 있는 것에 전력을 다하지 못하는 사람은 설령 자신의 길을 찾았다고 하더라도 결국은 흐지부지하게 될 거야."

"눈앞에 있는 일…."

"고오키에게 있어서 경영은 물론이거니와, 지금 시점에서 당장 눈앞에 있는 과제는 출판이겠지?"

"솔직하게 말씀드리면, 처음이라서 불안합니다."

"당연해. 처음에는 모두 초보니까. 만약 고오키에게 출판이 나아갈 길이라면 책은 반드시 팔린다. 그렇지 않다면 나아갈 길이 아니라고 생각하고 다음을 찾으면 되는 거야."

"팔리지 않으면 길이 아니라는 뜻인가요?"

"아니, 한마디로 단언할 수는 없지만, 내가 나아가야 할 길이라면 신기할 정도로 처음부터 잘 풀리지. 반대로 길이 아닐 때는 마치 하늘이 '네 길은 그쪽이 아니야'라고 말하는 것처럼, 노력하고 노력해도 실패만 거듭하게 되거든. 그 사람의 본래 나아가야 할 길을 알려주기 위해서 말이야."

"알 것 같기도 합니다."

"고오키의 후르츠산도는 처음부터 잘 됐지?"

"아니에요, 꼭 그렇지는 않아요. 처음에는 엄청 고생했어요."

"스스로는 그렇게 생각할지 모르지. 하지만 5년 안에 여기까지 온 것은, 잘 풀렸다고밖에 생각할 수 없어. 세상에는 너보다도 훨씬 고생했는데 잘 풀리지 않는 사람들이 수두룩하게 많아. 그거에 비하면 믿을 수 없을 정도로 매끄러운걸?"

그렇게 생각하니, 그럴지도 모르겠다.

"뭐, 어찌 되었든 고오키에게 지금 시점에 나아갈 길의 중심축은 틀림없이 후르츠산도 사업이지."

무엇을 위해서,
누구를 위해서

무엇을 위해서, 누구를 위해서

후르츠산도 사업을 위해 5년간 앞만 보고 달려왔다. 그러나 이
시점에 이르러 내가 앞으로 나아가야 할 목표지점을 잃어버린
것이다. 그 고민을 시게 형에게 털어놓았다.

　"그럴 때는 미래를 생각하지 말고, 지금 하는 일의 의미를 찾
는 것이 좋아."

　"의미요?"

　"그래. '무엇을 위해서 후르츠산도를 팔고 있는지', '누구를 위
해서 팔고 있는지', 그것을 생각하면 좋지 않을까."

　나는 무엇을 위해서, 누구를 위해서 사업을 하는 것일까?

　선뜻 대답이 나오지 않았다.

　"시게 형은 무엇을 위해, 누구를 위해 그토록 열심히 책을 쓰
는 것입니까?"

"당연한 일이지만 우선 첫 번째 '무엇을 위해'라는 질문에는 '책의 힘으로 일본을 건강하게 만들기 위해서'라고 대답할 수 있겠지. 그리고 '누구를 위해'라는 대목에는 첫 번째 '읽어주는 독자들을 위해서', 그리고 두 번째는 '책을 만들어 팔아 주는 출판사, 서점, 취급해주는 회사들을 위해서'지. 최근 출판업계가 활기를 잃어가고 있는데, 좋은 책을 만들어 많이 팔면 업계가 조금이라도 밝아지니까. 그리고 세 번째는 '지금까지 나를 응원해준 사람들을 위해서'라고 말할 수 있지."

대단하다.

대답이 순식간에 나오는 것을 보며 나는 알 수 있었다. 시게형이 평소 얼마나 '무엇을 위해서, 누구를 위해서' 일을 하는지에 대해 골몰하며 살아왔는지를. 자기 삶의 의미를 얼마나 명확하게 직시하며 살아가고 있는지를….

'일본 최고 저자'라는 타이틀은 괜한 장식이 아니었다. 나는 탄성을 지르듯 말했다.

"과연. 말씀하신 대로입니다."

"그리고 또 하나, 기쁨을 주고 싶은 소중한 사람이 있어."

"누구입니까?"

"부끄럽지만, 이미 내 책에도 썼지."

"시게 형의 어머니입니까?"

"응."

할아버지가 알려준 것을 세상에 전해주기 위해

《사이토 히토리의 길은 열린다》와 함께, 아니 어쩌면 시게 형의 책 중 내가 가장 좋아하는 책이 《기쁨이 되는 사람이 되어라》였다. 그 책 안에 시게 형과 어머니의 영원한 이별 장면이 있다. 책 제목대로 '기쁨이 되는 사람이 되어라'라는 말을 입버릇처럼 들려주던 엄마가 돌아가시고 몇 개월이 지나서 나온 유서를 읽은 후, 시게 형은 '일본 최고 저자가 되겠다'고 결심하고 도쿄로 나와 4년 만에 목표를 이루었다.

그리고 다시 영정 앞에 섰을 때 '너는 일본 최고 저자라는 훈장을 이용해서 무엇을 할 거지?'라고 엄마가 질문하는 것 같은 기분이 들었다고 한다. 그 질문에 답하기 위해 시작한 일, 그것이 바로 '새로운 저자를 키우자'는 것이었다.

시게 형의 '누구를 위해서' 안에는 '천국에 계신 어머니의 기쁨이 되기 위해서'가 있었다. 그리고 감사하게도 자신이 키워야 할 새로운 저자 중 한 명으로 시게 형은 나를 선택해 주었다.

할아버지가 당부하신 '후르츠산도를 많은 이들에게 널리 알리거라.' 이 약속을 지키기 위해서.

다이와의 모든 식구가 기뻐하는 회사를 만들기 위해서.

한 명이라도 많은 사람을 웃는 얼굴로 만들기 위해서.

시게 형의 이야기를 듣고 있으니, 내 사업의 의미가 보이기 시작했다.

"시게 형. 저, 다시 한번 열심히 해볼게요."

"응, 고오키. 기쁨이 되는 사람이 되자."

"기쁨이 되는 사람이라… 정말 좋은 말입니다."

기쁨이 되는 사람이 된다.

시게 형의 이 말이 "베푸는 사람이 되어라."라고 말한 할아버지의 마지막 말과 오버랩되었다. 동시에 시게 형이 내 눈앞에 새로운 길을 비추어주고 있다는 확신이 들었다.

"일본 제일이 되고 싶으면, 일본 제일의 장소로 가거라."

나는 할아버지의 이 한마디 말에 이끌려 도쿄에 왔다. 새삼 돌아보니 이렇게 훌륭한 사람들과 만날 수 있었던 것도 모두 다, 할아버지가 내 등을 밀어준 덕이라는 사실이 너무나 명백했다.

최종장

후르츠산도 행진곡

시게 형의 말이 맞았다.

나는 할아버지로부터 소중한 배턴을 전해 받았다.

이제 그 배턴을 꽉 쥐고 달려서 다음 주자에게

전해줄 의무가 나에게는 있었다.

이렇게 해서
배턴은 이어진다

떨어뜨린 배턴

"저, 시게 형."

"응? 왜 그래?"

"제 과거 이야기를 좀 들어주시겠습니까?"

"물론이지. 들려줘."

나는 그때까지 마음속 상처로 담아두었던 부끄러운 이야기를 꺼내기로 했다.

중학생이 되었을 때 나는 클럽활동으로 육상부에 들어갔다. 초등학생 시절부터 마라톤대회가 좋기도 했지만, 육상부는 다른 활동과는 달리 남자와 여자가 함께 연습한다는 점이 내가 육상부에 들어간 가장 큰 이유였다.

그런 불순한 동기로 시작한 육상부였지만, 장거리달리기를 잘했기 때문에 역전마라톤˙부에도 들어갈 수가 있었다. 여자들과 매일 즐겁게 연습할 수 있다고 기대한 나의 꿈은 바로 물거품이 되어버렸다.

연습은 매우 힘들었다. 중학생인 나에게 주어진 목표는 매일 20킬로미터 가까이 계속 달리는 연습. 게다가 근육 트레이닝 코치는 너무나 엄격해서 한창 클 나이인 나의 몸은 매일 비명을 지르고 있었다. 그러나 멋있어 보이고 싶었던 나는 여자들에게 '멋지다'라는 말을 듣고 싶은 마음에 힘든 연습을 견뎌냈다.

그런 노력을 인정받았는지 2학년이 되었을 때 나는 많은 선배들을 제치고 주전선수로 뛰기 시작했고 큰 대회에도 자주 참가했다. 역전마라톤 대회에 나가서 길가에 선 관객들의 뜨거운 성원을 받을 때 느끼는 고양감은 뭐라고 설명할 수 없이 짜릿했다. 그 희열은 내가 역전마라톤부를 계속하는 원동력이 되었다. 할아버지와 할머니도 응원을 와 주셨다.

3학년이 되었고, 클럽활동도 이제 마지막 해였다. 우리 학교는 역전마라톤부를 중점 육성하고 있었기 때문에 하루하루 연습 강도가 높아졌다.

그 연습에 부담을 느낀 나는 '이렇게까지 열심히 할 필요는 없지' 생각하며, 무작정 클럽활동을 관둬버렸다.

클럽활동을 그만두고 후련해진 마음으로 남은 학교생활을 보

* 여러 선수가 한 팀을 이루어 몇 개의 구간으로 나뉜 전체 거리를 한 구간씩 맡아서 이어 달리는 육상경기.

내겠다고 마음먹었다. 하지만 내 마음은 시간이 흐르면서 반대 방향으로 변해 가기 시작했다. 스스로 결심하고 시작한 역전마라톤부. 그것을 도중에 내던져버린 후회가 마음속 깊은 곳에 깊게 새겨져 버렸다.

내가 포기하고 빠진 뒤에도, 남은 친구들은 매일 혹독한 연습을 견뎠다. 매년 우승을 해 왔던 역전마라톤 대회. 그해 우리 학교는 우승하지 못했다. 내가 있었다면 우승할 수 있었을까? 그렇지 않았을지도 모른다.

그러나 '한번 하겠다고 결심한 것을 마지막까지 해내지 않으면 깊은 후회만 남는다'는 사실을, 나는 중학생 때 뼈저리게 경험했다. 그것은 마치 모두가 열심히 쥐고 달려온 배턴을 내 차례에서 떨어뜨려 다음 사람에게 이어주지 못하게 된 듯한 죄책감이었다.

그 일은 나에게 큰 좌절과 후회가 되어, 마음속 깊은 곳에 오래도록 남아 있었다.

우리 모두는 이어달리기를 하는 것이다

시게 형은 조용히 고개를 끄덕이면서 내 이야기를 들은 후, 다음과 같은 이야기를 해 주었다. 그 말은 나의 중학생 시절과 고등학교 졸업, 긴 방황기를 거치고 나서 새로운 방향으로 열리는 내 길의 시작점이 되었다.

"고오키, 그 배턴 떨어뜨리지 않았어."

"아니요, 제겐 떨어뜨린 것과 같아요."

"물론 그날의 배턴은 떨어뜨렸는지 모르겠지만, 너에게는 이미 새로운 배턴이 와 있어. 모르겠니?"

이리저리 생각해 봤지만, 시게 형이 말하는 배턴이라는 것이 무엇을 의미하는지 알 수 없었다.

"할아버지한테서 받은 배턴이야."

"우리 할아버지요?"

"그래. 할아버지는 너에게 '행복을 전해주고 오렴' 하며 배턴을 건네시고 삶을 마치신 것 아니었니? 다음 주자에게 배턴을 전하고 마침내 힘이 다해 쓰러진 선행주자처럼 말이다."

분명 그랬다. 시게 형의 말이 맞았다. 나는 할아버지로부터 소중한 배턴을 전해 받았다. 그것을 잊고 있었다. 잊고 있었다기보다 할아버지의 뜻을 그런 식으로 해석하지 못했다.

시게 형은 계속했다.

"고오키, 우리는 말이야. 과거 누군가가 전해준 의지의 배턴을 받아서 살아가고 있다고 생각해. 그 누구든 말이야. 다만, 그것을 알아차리는 사람은 별로 없지."

"그런 거…, 생각도 못 해봤어요."

"그래도 이제는 알겠지? 그 배턴의 존재를 알게 되었다면, 다음은 달리는 일만 남았어. 게다가 너에게 전해진 배턴은 거대하

마라토너로 달릴 때도, 도중에 배턴을 던져버리고 집으로 돌아왔을 때
도 할아버지는 언제나 호탕하게 웃으며 내 등을 두드려주셨다.
"고오키, 넌 언젠가 최고가 될 거야. 그러니 늘 베푸는 삶을 살아야 한다."
그렇게 할아버지가 나에게 전해준 배턴이 내 손에 쥐어져 있었음을 이제
야 알 것 같았다.

다. 그것을 함께 전해준 사람들이 니토리 회장님이거나 사이토 히토리 스승이니까 말이야."

"사이토 히토리 씨는 만난 적도 없는데요?"

"그럴지도 모르지만, 히토리 스승의 배턴을 전해 받은 내게는 왔잖니? 스스로는 아직 모르고 있을지라도, 너는 이미 그런 운명이고, 그런 역할이 너에게 맡겨진 거야."

중학생 시절에 흐지부지 끝내버려 후회만 남은 역전마라톤부. 모두로부터 넘겨받은 배턴을 다음으로 연결하지 못했던 그 후회를 만회할 수 있다면. 어쩌면 지금부터 내가 가는 인생이 그 만회의 길일지도 모른다.

"고오키, 다음은 네 차례야."

"제 차례요?"

"그래. 이제 네가 이 후르츠산도와 책을 통해서, 세상에 기쁨이 되는 사람으로 성장해서 돌아와."

전쟁에 나가기 전 무사의 떨림이 이런 것일까. 무언가 거대하고 중요한 역할을 맡은 것 같은 기분이 들며 온몸에 소름이 돋았다.

니토리 회장과 사이토 히토리 스승이 있어서일까. 시게 형은 일부러 그 이름들과 함께 본인의 이름을 거론하지 않았지만, 시게 형으로부터도 소중한 배턴을 전해 받은 기분이 들었다.

내겐 샹크스이자 존경하는 시게 형으로부터 '기쁨이 되는 사람이 되어라'는 배턴을 전해 받아, 내가 달릴 차례가 온 것이다.

그것은 마치 샹크스로부터 볏짚 모자를 전해 받은 루피의 기분과 비슷할 것 같다. 이 배턴이야말로 내 인생을 걸고 달려서, 다음 세대에 이어주어야 한다. 그 각오를 다지는 순간, 나의 사명이 명확해졌다.

행복의 배턴 이어가기

할아버지가 마지막 순간에 남긴 메모가 있었다. 그 종이에는 이렇게 쓰여 있었다.

재물을 남기는 것은 하,

일을 남기는 것은 중,

사람을 남기는 것이야말로 최상.

돈을 남기는 것은 중요하다. 많은 일을 남기는 것은 그 이상으로 중요하다.

그러나 더욱더 중요한 것이 있다. 그것은 주변에 자신을 믿고 따르는, 신뢰해 주는 사람을 남기는 것이다.

그리고 스스로도 그 사람들을 신뢰하며 소중하게 대해라. 다음 세대를 짊어질 인재를 키워라. 그것이 할아버지가 임종 몇 시간 전에, 마지막 남은 힘을 다해 남겨 주신 메시지였다. 그 메시지야말로 할아버지가 내게 준 행복으로 향하는 배턴 그 자체였다.

나의 사명은 후르츠산도를 통해 '사람에게 행복을 전하는' 것. 나아가 욕심을 내자면 나와 만난 스태프, 고객들에게 나와 만나서 좋았다는 말을 듣는 것, 그런 사람이 되고 싶다. 자, 후르츠산도들이여! 이제부터 모든 사람에게 행복을 운반해 주렴.

이 바람을 담아, 우리는 동료들과 함께 한 발 한 발 미래를 향해 나아갈 것이다.

할아버지가 전해준 그 배턴을 손에 꽉 쥐고. 이제는 주자가 아닌 후르츠산도 행진곡의 연주자로서, 각자의 개성을 음표 삼아 미래를 향한 악보에 힘껏 실어서 말이다.

후르츠산도 행진곡, 연주자 모집.

함께 연주하는
후르츠산도 행진곡

여러분 덕분에 이렇게 첫 책 출간을 무사히 이루었습니다. 먼저 여기까지 읽어주신 여러분에게 깊은 감사의 말씀을 전합니다.

'만남이야말로 행운이다.'

이것은 제가 좋아하는 말입니다. 집필을 마친 지금, '많은 실패를 해 왔지만, 그럼에도 불구하고 저는 정말 운이 좋았다'고 다시금 절감하게 됩니다. 고마운 것들을 떠올리자면 한도 끝도 없이 이어질 듯합니다.

무엇보다 먼저 '베푸는 사람이 되어라.' 그 말을 입버릇처럼 하시던 할아버지가 내 곁에 계셨던 것.

후르츠산도를 진심으로 사랑하고, 많은 이들에게 그 맛을 전하기 위해 노력한 다이와 동료들, 그리고 파트너 기업 여러분의 큰 도움을 받은 것.

손님들, 특히 SNS 팔로워들에게 형용할 수 없이 커다란 응원을 받은 것.

현재 업계 최고 실적을 경신 중인 출판팀의 여러분과 함께 작업할 수 있게 된 것.

이 모든 이들과의 만남 덕분에 우리의 이야기를 연주할 수 있게 되었습니다.

지금까지 만난 모든 분, 그리고 앞으로 만나게 될 사람들과 함께 새로운 음표를 새로운 악보에 적어 넣으며 행복하게 연주해 나가고 싶습니다. 이런 마음을 담아서, 책의 부제를 '후르츠산도 행진곡'이라고 이름을 붙였습니다(이 책의 일본어 원제는 '베푸는 사람이 되어라'이고 부제는 '할아버지와 우리의 후르츠산도 행진곡'이다).

앞으로 독자로든 손님으로든 SNS 팔로워로든 어쩌면 스태프로든, 당신과 다시 만나게 될지도 모릅니다. 다만 '이 저자와 다이와 멤버들이 재미있어 보이네'라는 느낌이 올 때는, 꼭 당신도 함께 이 행진곡을 연주해 주시면 좋겠습니다.

여기까지 읽어주신 여러분은 이미 눈치채셨겠지만, 저는 이 행진곡이 연주되는 과정에서 수시로 좌충우돌하는 어리숙한 지휘자였습니다. 여러 번 실패하고, 주변 사람들을 아프게 하고, 많은 폐를 끼치며 살았습니다. 이미 일어난 일들을 돌이켜보자니 반성과 후회가 치밀어 올라 '정말 내가 책을 써도 되는 것일까?' 하며 몇 번이나 좌절했습니다.

책이라는 것은 지금까지 저에게 '읽고 배우기' 위한 도구였습니다. 때로 책의 내용을 보며 '에이, 이거는 아니잖아' 혹은 '특별한 내용이 없네'라고 비판하기도 했습니다. 도중에 읽기를 포기한 적도 있습니다.

그러나 이번에 직접 집필을 하면서, 세상에 나온 모든 책의 한 글자 한 글자에 저자와 출판사 사람들의 마음이 얼마나 짙게 담겨있는지를 깨달았습니다. 그리고 이 책 역시 많은 분의 협력과 열정, 그리고 따뜻한 응원 덕분에 무사히 탄생할 수 있었습니다. 이 자리를 빌어 다시 한번 감사를 전하고 싶습니다.

우선 이 기획을 세상 밖으로 꺼내준 스바루샤의 우에즈 야스나리 편집장님, 그리고 편집부의 미야케 쇼 씨, 두 분의 열정에 감사드립니다. 몇 번이고 계속해서 체크하며 상품개발에 임하는 자세를 보며, 저 또한 상품을 만들어내는 한 사람으로서 정말로 큰 배움을 얻었습니다.

영업부 부부장인 하라구치 다이스케, 부토 야스유키, 가가와 유우키 씨는 "고오키 씨, 출판 일은 우리에게 맡겨주세요."라며 집필로 고민하던 나를 격려했습니다. 더불어 출판 유통이라는 길과 세계를 알려주셔서 정말로 감사합니다. '좋은 것을 세상에 전한다.' 영업부 여러분의 판매에 대한 투지를 엿볼 수 있었던 것이 이번 집필로 얻은 최고의 보물입니다.

그리고 출판 전부터 여러 번 식사와 회식에 불러주시고, 웃는 얼굴로 맞이해 주신 도쿠 게이타로 사장님. 모두의 이야기를 즐겁게 듣고 큰 그릇으로 받아주신 사장님의 모습은 제 동경의 대상이었습니다. 앞으로도 그 리더십을 배워가고 싶습니다.

나보다 4개월 앞서 《스트로베리 문》을 출간한 아쿠타가와 나오 선생님. 선배로서 많은 응원과 말씀을 주셔서 감사드립니다. 저자 선배님으로서 앞으로도 많은 지도편달을 부탁드립니다.

항상 멋진 말씀을 해주시는 주식회사 니토리의 니토리 아키오 회장님, 정말로 감사합니다. 니토리 회장님의 말씀에 부끄럽지 않도록, 상인으로서 정진해 나갈 것입니다. 앞으로도 니토리 관광 과수원의 앵두나무 아래에서 많은 말씀을 들려주시기를 바라마지 않습니다.

일본을 대표하는 유튜버로서 응원해 준 '시바유', 언제나 댓글 달아줘서 고마워. 시바유 같은 고등학교 동창이 있어서 정말 자랑스럽게 생각해. 나도 시바유와 도카이 온에어를 앞으로도 열렬히 응원할 거야.

출판 협력을 해주신 이케다 미치코 씨. 미치코 씨는 제 인생에 밝은 빛을 가져다주셨습니다. 이 책도, 그리고 시게 형을 비롯한 모든 분과 만남도, 그날 미치코 씨의 메시지가 없었다면 이루어지지 않았을 것입니다. 앞으로도 어리숙한 동생을 대하는 마음으로 계속 잘 이끌어주시기를 부탁드립니다.

토털 프로듀싱을 해주신 시게 형, 나가마쓰 시게히사 씨.

이 책의 프로듀싱뿐만 아니라 수많은 책을 통해 제 인생을 프로듀싱 해주셔서, 정말로 감사드립니다. 앞으로도 변함없이 저의 멋진 샹크스가 되어주세요. 언젠가 반드시 시게 형의 볏짚 모자를 돌려 드리겠습니다.

다이와와 다카페의 스태프, 그리고 가족들 한 명 한 명에게 감사를 전하고 싶지만, 그러자면 책 한 권을 써야 할 것 같아서 한꺼번에 인사를 전합니다. 모두가 저에게는 최고의 보물입니다. 당신들과 만날 수 있었던 것, 함께 걸어오며 회사를 성장시킬 수 있었던 것, 이것이 저의 가장 큰 자랑입니다. 앞으로도 즐겁게 우리의 행진곡을 연주해 나갑시다.

사랑하고 보고 싶은 할아버지, 감사합니다.

나는 오래도록 할아버지에게 배운 것, 할아버지가 내게 전해준 것들을 소중하게 간직할 거야. 그러니 천국에서도 우리를 지켜줘. 할아버지 손자로 태어나서 정말로 기뻐.

마지막으로 이 책을 손에 들고 계신 여러분께 진심으로 감사를 전합니다.

　　이 책을 읽으신 것에 대한 보답으로 책에 나오는 에피소드에 관련된 사진, 그리고 키위 이야기, 시계 형과의 음성 대담을 선물로 드리려고 합니다. '이런 느낌이었구나.' 생각하며 우리의 리얼한 모습을 직접 느껴주시면 더욱 기쁠 것 같습니다. 페이지 하단에 있는 QR코드를 확인해 주십시오.

　　할아버지의 가르침, 그리고 저의 실패가 조금이라도 여러분에게 용기가 되기를 바라며….

　　여러분, 진심으로 감사드립니다.

오오야마 고오키

Instagram
@358daiwa

홈페이지
https://daiwa358.com/

다카페
@358dacafe

이 책을 읽고 번역하는 동안 《물건 말고 당신을 팔아라(원제: 상품 말고 가치를 팔아라)》를 번역하던 4년 전이 생각났다. 그 책을 번역하던 때, 한 구절 한 구절이 나를 위해 들려주는 조언 같았다. 필요할 때마다 다시 읽으며 꼭 실천하리라, 빨간 펜으로 밑줄까지 그으며 굳은 결심을 했었다.

하지만 절절한 감동과 결심이 무색하게 이후로 나는 아무것도 시도하지 않았다는 것을, 이 책을 읽으며 인정할 수밖에 없었다. 부끄러움과 후회가 몰려왔다.

이 책을 번역하는 동안 여러 번, 주인공인 오오야마 고오키와 나를 비교했다. 망해가는 할아버지의 청과물 가게를 어느 날 불쑥 떠맡게 된 스물네 살 청년. 넉넉한 자본금은커녕 3,000만 엔 빚만 떠안은 상황에서 그는 집착에 가까운 열정으로 멜론 빙수와 후르츠산도를 개발하고, 소비자에게 자신의 제품을 알리기 위해 백방으로 뛰었다. 나아가 "일본 최고의 도시에 가서 이 후르츠산도를 더 많은 이들에게 알리고 오너라."라고 하시던 할아버지와의 약속을 지키기 위해 도쿄에 진출해 꿈을 현실로 만들어내는 이야기는 책을 읽는 나조차 '이게 과연 될까?' 싶을 정도로 험난한 과정이었다. 더구나 코로나 시국에 주변 사람들 모두, 심지어 가족들마저 지금은 때가 아니라며 발을 빼던 때에 말이다.

일본 출장을 가면 어느 날부턴가 자주 눈에 띄던, 그리고 몇 달 지나지 않아 우리나라 카페와 베이커리에서도 발 빠르게 따라 하기 시작한, 생과일을 통째로 큼직하게 넣은 샌드위치를 만든 주인공이 대체 누구인지 궁금했었다. 과일 샌드위치야 오래전에도 있었지만 통조림이 아닌 생과일을 통째로 넣어 미감과 식감의 혁명을 일으킨 최초의 인물은 누구일까?

바로 그 주인공의 이야기를 내가 번역하게 될 줄은 몰랐다. 세상 참 좁고도 재미있는 우연이라는 생각이 들었다.

이 책은 일본에서 나오자마자 엄청난 화제를 일으키며 베스트셀러에 올랐다.

이미 젊은 기업인의 성공신화로 TV와 신문에서 오오야마의 이야기가 여러 번 소개되고, 다이와 슈퍼와 다카페 그리고 오오야마가 발신하는 SNS 덕에 많은 이들이 그가 만들어내는 후르츠산도와 과일 빙수, 유기농 과일로만 만들어내는 여러 제품을 구매한 경험이 있기 때문이다.

 무엇을 하든 지지해 주는 고오키의 할아버지 같은 분이 내게 없는 것 말고는 크게 다를 것이 없는데, 지혜로운 사람들이 알려준 것들을 차근차근 삶으로 실천한 고오키는 해냈구나, 내가 복잡한 머리를 감싸 쥐고 힘겨워하던 그 시기에 이렇게 멋진 기업인으로 성장했구나.

 고오키가 들려주는 지난 5년간의 좌충우돌 성장기가 눈물 나게 부러운 한편으로 고마웠다. 한숨 쉬는 대신 이제라도 누군가가 내게 전해준 배턴을 손에 꽉 쥐고 달리면 된다는 응원가 같아서, 새삼 다시 힘이 나고 낙관이 찾아왔다.

 부끄럽지만 나는 경영학도로서 이미 학교에서도 충분한 시간 공부했고, 실전에 필요한 좋은 책도 적지 않게 읽었다. 그런 나에게는 없지만 오오야마는 가지고 있었던 중요한 한 가지는 바로 실행력이었다. 배운 것을 몸소 실천하는가 아니면 머리로만 알고 있는가. 결국은 그 차이가 승부를 가른다는 사실을 이 책은 나에게 통렬히 일깨워주었다.

 단순한 성공담에 그치지 않고 자신의 실수와 부끄러움, 두려움 같은 감정까지 경쾌하게 들려주는 이 책은 많은 독자에게 후르츠산도만큼이나 상큼한 행복과 위로, 용기를 전해줄 거라 확신한다. 아울러 쉽지 않은 현실을 살아가느라 분투하는 모든 사장님과 미래의 사장님들께 여러모로 큰 도움이 되기를 바란다.

2024년 매 순간이 아까운 봄날에,

윤선해

옮긴이 **윤선해**

번역가이자 커피 관련 일을 하는 기업인이다. 일본에서 경영학과 국제관계학을 공부한 뒤 한국으로 돌아와 에너지업계에 잠시 머물렀다.

일본에서 유학할 당시 대학 전공보다 커피교실을 열심히 찾아다니며 커피의 매력에 푹 빠져 지냈기 때문에, 일본에서 커피를 전공했다고 생각하는 지인들이 많을 정도다. 그동안 일본 커피 문화를 소개하는 책들을 주로 번역해왔다. 옮긴 책으로 《새로운 커피교과서》《종종 여행 떠나는 카페》《도쿄의 맛있는 커피집》《호텔 피베리》《커피 스터디》《향의 과학》《커피집》《커피 과학》《커피 세계사》《카페를 100년간 이어가기 위해》《스페셜티커피 테이스팅》이 있다.

현재 후지로얄코리아 대표 및 로스팅 커피하우스 'Y'RO coffee' 대표를 맡고 있다.

오늘부터 제가 사장입니다

첫판 1쇄 펴낸날 2024년 5월 10일

지은이 | 오오야마 고오키
옮긴이 | 윤선해
펴낸이 | 지평님
본문 조판 | 성인기획 (010)2569-9616
종이 공급 | 화인페이퍼 (02)338-2074
인쇄 | 중앙P&L (031)904-3600
제본 | 명지북프린팅 (031)942-6006

펴낸곳 | 황소자리 출판사
출판등록 | 2003년 7월 4일 제2003-123호
대표전화 | (02)720-7542 팩시밀리 | (02)723-5467
E-mail | candide1968@hanmail.net

ISBN 979-11-91290-36-3 03320

* 잘못된 책은 구입처에서 바꾸어드립니다.